中国经济文库 应用经济学精品系列

中国经济文库 · 应用经济学精品系列（二）

· 天津市哲学社会科学规划项目（TJYY19-009）

李慧燕◎著

京津冀城市群新型城镇化质量时空演变与提升路径

——基于“三生空间”融合视角的研究

Evolution and Improvement Path of New Urbanization Quality in the Beijing-Tianjin-Hebei Urban Agglomeration: A Study Based on “Production-Living-Ecology” Space

中国经济出版社
CHINA ECONOMIC PUBLISHING HOUSE
北 京

图书在版编目（CIP）数据

京津冀城市群新型城镇化质量时空演变与提升路径：基于“三生空间”融合视角的研究／李慧燕著．--北京：中国经济出版社，2023.1

ISBN 978-7-5136-7108-8

Ⅰ.①京… Ⅱ.①李… Ⅲ.①城市化-研究-华北地区 Ⅳ.①F299.272

中国版本图书馆 CIP 数据核字（2022）第 180611 号

责任编辑 张利影
责任印制 马小宾
封面设计 华子设计

出版发行 中国经济出版社
印 刷 者 河北宝昌佳彩印刷有限公司
经 销 者 各地新华书店
开　　本 710mm×1000mm 1/16
印　　张 9.25
字　　数 125 千字
版　　次 2023 年 1 月第 1 版
印　　次 2023 年 1 月第 1 次
定　　价 78.00 元
广告经营许可证 京西工商广字第 8179 号

中国经济出版社 网址 www.economyph.com **社址** 北京市东城区安定门外大街 58 号 **邮编** 100011
本版图书如存在印装质量问题，请与本社销售中心联系调换（联系电话：010-57512564）

前言

改革开放以来，我国城镇化步伐不断加快，取得了举世瞩目的成绩，城镇成为承载人口和高质量发展的主要载体。在城镇化进程中，部分地区出现了“被城镇化”“伪城镇化”“去农村化”等现象。而新型城镇化以城乡统筹、城乡一体、产业互动、节约集约、生态宜居、和谐发展为基本特征，这正契合了生产—生活—生态（“三生空间”）融合发展的基本理念。在“三生空间”融合理念下，新型城镇化需以“创新、协调、绿色、开放、共享”新发展理念为引领，在科技、制度、管理、业态、文化等方面进行多层次、多领域创新，使城镇关系、镇村关系、政府与市场关系相协调，人与自然和谐共生，进而形成各方参与、包容开放，全民共享、全面共享、共建共享、渐进共享的局面。

当前，我国城镇化进入以城市群为主体形态的新发展阶段。国家“十四五”规划将京津冀城市群纳入19个城市群。协调推进京津冀城市群新型城镇化与乡村振兴对于促进城乡融合发展具有重要意义。

本书一是系统梳理北京、天津与河北新型城镇化的主要政策与做法；二是将生产空间、生态空间、生活空间融合发展的思想引入新型城镇化研究，构建新型城镇化评价指标体系，并对京津冀城市群的13个城市的新型城镇化质量进行对比，测度并分析城市间新型城镇化协调发展水平、各城市“三生空间”协调发展水平，为后续研究提供现实依据；三是深入剖析新型城镇化中的“三生空间”失衡问题；四是系统探讨“三生空间”融合视角下新型城镇化的发展机理，构建新型城镇化的利益协调机制、包容发展机制、和谐共生机制和多元治理机制；五是借鉴发达国家和地区的城镇化经验，以天津市蓟州区上仓镇为例，探讨其基于“三生空间”融合视角的新型城镇化实现路径，并在此基础上提出“三生空间”融合视角下推动新型城镇化的政策建议。

由于笔者能力有限，书中难免存在错漏或不足之处，希望同行专家与读者给予批评和指正（笔者邮箱：twlhy@126.com）。以费孝通先生在《中国城乡发展的道路》一书中的一句话作为结语：“在全球性的大社会中要使人人能安其所，遂其生，就不仅是个共存的秩序，而且也是个共荣的秩序。也就是说，不仅是个生态秩序，而且是个心态秩序。”

李慧燕

2021 年 12 月 16 日于天津

目 录

1 引 言 …… 1
1.1 研究背景与研究意义 …… 1
1.2 研究现状与述评 …… 2
1.2.1 城镇化的渊源和新型城镇化的内涵 …… 2
1.2.2 城镇化质量评价研究 …… 3
1.2.3 “三生空间”融合发展研究 …… 5
1.2.4 研究述评 …… 7
1.3 研究目标与研究思路 …… 7
1.4 主要创新点 …… 8

2 京津冀推进新型城镇化的主要政策与做法 …… 10
2.1 北京 …… 10
2.1.1 城市规划与特色小镇建设政策 …… 10
2.1.2 户籍制度改革政策 …… 13
2.1.3 农村集体资产管理措施 …… 15
2.1.4 社会保障政策 …… 16
2.2 天津 …… 17
2.2.1 城市规划与特色小镇建设政策 …… 17
2.2.2 户籍制度改革政策 …… 21
2.2.3 土地制度改革政策 …… 23

2.2.4 社会保障政策 …… 24
2.3 河北 …… 26
2.3.1 新型城镇化政策 …… 26
2.3.2 户籍制度改革政策 …… 28
2.3.3 社会保障政策 …… 29

3 京津冀新型城镇化发展现状 …… 31
3.1 城镇化率稳步提升 …… 31
3.2 公共服务均等化持续推进 …… 33
3.2.1 北京相关发展状况 …… 33
3.2.2 天津相关发展状况 …… 34
3.3 城乡人居生态环境持续改善 …… 35
3.4 城乡收入差距变化不一 …… 36

4 基于“三生空间”融合视角的京津冀城市群新型城镇化质量时空格局演变分析 …… 39
4.1 研究方法 …… 39
4.2 新型城镇化质量评价指标体系构建及测算结果分析 …… 41
4.2.1 指标体系构建 …… 41
4.2.2 测算结果分析 …… 42

5 基于“三生空间”融合视角的京津冀城市群新型城镇化耦合关系与协调发展水平分析 …… 47
5.1 研究方法 …… 47
5.1.1 耦合度 …… 47
5.1.2 协调发展度 …… 48

5.2 京津冀各城市内部“三生空间”耦合关系与协调发展水平分析 …… 49
5.2.1 “三生空间”耦合关系分析 …… 49
5.2.2 “三生空间”协调发展水平分析 …… 51
5.3 京津冀城市间新型城镇化耦合关系与协调发展水平分析 …… 52
5.3.1 京津冀城市间新型城镇化耦合关系分析 …… 52
5.3.2 京津冀城市间新型城镇化协调发展水平分析 …… 54

6 京津冀城市群新型城镇化中的“三生空间”失衡问题 …… 56
6.1 产业体系不完善，对生产空间、生活空间的支撑力弱 …… 56
6.1.1 产业链条有待延伸 …… 56
6.1.2 京津冀第三产业发展差距较大 …… 57
6.2 生活空间对劳动者的吸引力不足 …… 59
6.3 生态空间受生产空间和生活空间挤压 …… 61

7 发达国家和地区城镇化的主要做法与经验借鉴 …… 64
7.1 日本的城镇化建设 …… 64
7.1.1 日本的城镇化建设历程 …… 64
7.1.2 日本的城镇化建设经验 …… 64
7.2 美国的城镇化建设 …… 66
7.2.1 美国的城镇化建设历程 …… 66
7.2.2 美国的城镇化建设经验 …… 67
7.3 欧洲的城镇化建设 …… 68
7.3.1 欧洲的城镇化建设历程 …… 68
7.3.2 欧洲的城镇化建设经验 …… 68

7.4 发达国家和地区城镇化经验借鉴及启示 …………………… 70
7.4.1 加强政府宏观调控，充分发挥市场作用 …………… 70
7.4.2 注重农业、工业和城镇化协同发展 ………………… 71
7.4.3 推动大、中、小城市协调发展 ……………………… 71
7.4.4 重视城镇生态文明建设 ……………………………… 72

8 “三生空间”融合视角下新型城镇化的发展机理和推进机制 ………………………………………………… 73
8.1 新型城镇化发展机理 ………………………………………… 73
8.2 新型城镇化推进机制 ………………………………………… 74
8.2.1 利益协调机制 ………………………………………… 75
8.2.2 包容发展机制 ………………………………………… 75
8.2.3 和谐共生机制 ………………………………………… 76
8.2.4 多元治理机制 ………………………………………… 76

9 “三生空间”融合视角下新型城镇化的实现路径
——以天津市上仓镇为例 ………………………………………… 78
9.1 上仓镇发展现状 ……………………………………………… 78
9.2 上仓镇“三生空间”要素解构及特色凝练 ………………… 79
9.2.1 “三生空间”要素解构 ………………………………… 79
9.2.2 特色凝练 ……………………………………………… 80
9.3 上仓镇新型城镇化实现路径 ………………………………… 82
9.3.1 因势利导、盘活资源，引导特色小镇生产空间重构 ………………………………………………… 82
9.3.2 完善农村基础设施建设和公共服务，优化镇村生活空间体系 ………………………………………………… 82
9.3.3 综合整治州河两岸环境，提升生态空间品质 ………… 83

10 “三生空间”融合视角下推动新型城镇化的政策建议 …… 84
10.1 推动经济体系优化升级 …… 84
10.1.1 进一步完善产业链条，优化产业结构 …… 84
10.1.2 推动生产空间资源的优化利用 …… 85
10.2 夯实宜居生活基础 …… 86
10.2.1 完善基础设施建设 …… 86
10.2.2 推动公共服务均等化 …… 87
10.3 提升生态环境承载力 …… 88
10.3.1 强化环境保护和生态修复 …… 88
10.3.2 推动生态环境的协同治理 …… 88
10.4 加快机制、体制创新，推进新型城镇化建设 …… 89
10.4.1 吸收社会资本参与新型城镇化建设 …… 89
10.4.2 加快推动农村土地制度改革 …… 89

附录 基于乡村振兴背景的上仓镇产业升级研究 …… 91
参考文献 …… 123
索 引 …… 134
后 记 …… 136

1 引　言

1.1　研究背景与研究意义

城镇化综合体现了工业化、现代化发展过程中的社会变迁。当前，中国城镇化进程进入战略转型期，《国家新型城镇化规划（2014—2020年）》的发布为中国未来的城镇化发展指明了方向。2012年，党的十八大报告提出“促进生产空间集约高效、生活空间宜居适度、生态空间山清水秀”，进而形成“三生空间”融合发展的总体要求。2017年，党的十九大报告提出实施乡村振兴战略，强调“区域协调发展”“生态文明体制改革”，凸显“三生空间”统筹安排、“三生空间”融合发展的要义。2019年1月，中央全面深化改革委员会第六次会议强调，要科学布局生产空间、生活空间、生态空间，要体现战略性、提高科学性、加强协调性。以新型城镇化为代表的内涵式城镇化模式的突出特征在于各层面的协调发展，包括城市群内不同规模城市间的协调发展、城乡统筹、小城镇与农村社区的协调发展，尤其强调产业互动、资源集约、生态宜居，这些发展理念正契合“三生空间”融合发展的基本内涵。

当前，城镇化的快速推进，使生产、生活对空间的需求愈加旺盛。尽管近年来城镇化发展理念开始转变，但“三生空间”利用的失衡问题依然存在，如产业体系不完善，生态空间被剥夺，生态布局不均衡，水、土壤、空气等受到不同程度的污染，公共配套服务设施、市政配套设施仍不完备，生活空间缺少互动、缺少活力等。如何促进“三生空间”融合发展，重构生产空间，提高经济活力，促进农业转移人口在城镇公平地享有公共服务、社会保障和政治权利，提升生态空间品质，既是新型城镇化要着重解决的关键性问题，也是推动乡村振兴的要务。个人、各级政府、各行各业都需要积极参与这个新的增长过程。

本书基于“三生空间”融合发展视角，构建新型城镇化评价指标体系，测算京津冀城市群各城市的新型城镇化质量，分析其质量时空演变，从现实角度为后续研究提供依据；利用耦合度分析法和协调度分析法，探究京津冀城市群各城市的新型城镇化耦合协调关系、各城市内部的“三生空间”协调关系；探索基于“三生空间”融合视角的新型城镇化发展机理，构建新型城镇化“三生空间”融合发展的利益协调机制、包容发展机制、和谐共生机制和多元治理机制，对于丰富新型城镇化相关研究具有重要的理论意义；以天津市蓟州区上仓镇为例，探讨其基于“三生空间”融合视角的新型城镇化实现路径，有助于推动新型城镇化与乡村振兴的协调发展，对推进新型城镇化发展具有重要的现实意义。

1.2 研究现状与述评

1.2.1 城镇化的渊源和新型城镇化的内涵

关于城镇化的渊源与内涵，众多学者从人口学、产业发展等角度展开了卓有成效的研究。欧洲是现代意义上城镇化的发源地，当时的欧洲农业活动逐渐减少，非农业活动逐渐增加，人口随之向城镇转移、聚集，城镇规模越来越大，实现了从乡村型社会到城市型社会的转变，社会经济也随之发生各种变化。

从学者的研究结果来看，索罗金等（1929）从社会学角度提出，城镇化是从农村意识向城市意识转变，行动方式和生活方式随之发生变化的全过程。Wirth（1938）认为，城市具有三个重要特征，即规模、密度和异质性。歌德伯戈等（1990）认为，城市化是由乡村向城市转变的过程。Pressat 和 Wilson（1985）强调人的城镇化，提出城镇化表现为人口向城市聚集，城市地区人口所占比重增加。Henderson（2002）从产业角度展开研究，认为城镇化不是单独出现的，是农业向工业、服务业转移的过程中产生的副产物。World Bank（1991）、Martinez-Vazquez 等（2009）、Spence 等（2009）认为，一定水平的城镇化有利于经济增长，其意味着更多的就业和商业机会，同时城镇化代表着生活质量的提升。Colenbrander（2016）认为，城市化是在农业经济向工业经济结构性转变的过程中产生的，在转变过程中往往出现基础设施不足、居民随意选择居住地等问题。Müller 等（2021）提出，在城镇化进程中，基层的社区建设和社会治理，特别是完整的日常生活社区，将变得越来越重要。

从中国的城镇化发展来看，费孝通先生在对苏南地区小城镇发展的研究中总结了中国农村城镇化萌芽阶段的发展规律，其研究成为近代以来中国城镇化研究的起点。近年来，吕文静（2014）提出，新型城镇化的主要功能之一是由经济落后的传统农村社会演变成经济快速发展的现代文明城市社会。新型城镇化的核心日益转变为人的城镇化，其是在尊重经济社会发展客观规律的基础上，协调统筹经济社会发展、城乡发展以及区域发展，构建城市和小城镇协调发展的城镇体系。

美国的“理性增长”理论提出规划紧凑型社区，居住区、办公场所、商业区应交错布局。日本的城镇化经历了由都市集群化向多极多圈层城市化结构转变的过程，以解决“大城市病”问题。欧洲的绿色城市理念缓解了城镇化进程中的资源破坏问题。中国的新型城镇化发展理念在不同程度上缓解了城乡发展不均衡、环境污染等不足。

1.2.2 城镇化质量评价研究

在城镇化质量研究方面，Moreno 和 Warah（2006）通过研究发现，美国存在城镇化发展过快而忽视其发展质量的问题，认为城市化的发展应该与城市的承载能力相符，进行有规律的改变，因为这关系未来居民城市生活的实际质量。王丽君等（2017）认为，新型城镇化应以公平、全面、协调、可持续为前提，使社会、经济、生态系统获得均衡的增长与发展机会，实现经济、资源、环境、生态的协调发展。Sun 等（2017）预测，2015—2030 年中国各省份城镇化率将继续提高，但不均衡，各省份的城镇化质量也存在较大差异，部分省份的城镇化质量与生态环境、社会发展不相适应。Chen 和 Chou（2018）研究发现，中国台湾空间发展和可持续性面临巨大挑战，在应对城市扩张方面，土地利用规划和机制存在制度缺陷。Amin 等（2020）研究发现，长期来看，城市化与二氧化碳排放存在双向因果关系。

针对城镇化质量评价指标体系的构建，国内学者从不同层面（国家、省级、城市级、县域级层面等）采用不同研究方法展开了大量研究。如表 1－1 所示，叶裕民（2001）、王宾等（2017）、余江和叶林（2018）构建评价指标体系，对中国新型城镇化质量进行了评价。朱洪祥（2007）、井晓鹏和周杜辉（2011）、王新越等（2014）、王金营和李佳黛（2017）等通过构建评价指标体系，对区域层面的新型城镇化水平进行了评价。进行相关研究的还有续亚萍和俞会新（2015）、陈莉和李姣姣（2017）、卓德雄和曾献君（2018）、王彦霞和王培安（2019）、李燕娜（2020）等。虽然这些研究关注的焦点存在差异，但都涉及城镇化质量的核心问题，其研究选取的指标涉及经济、社会、环境、城乡等因素。

表 1－1　中国新型城镇化评价相关研究文献对比

研究角度	作者及发表年份	指标体系构成	研究方法	研究对象
国家层面	叶裕民（2001）	城市现代化、城乡一体化	综合评价法	中国城市化质量
	王宾等（2017）	经济、社会、生态环境、人居环境、城乡差距	熵权扰动属性模型	中国新型城镇化质量
	余江和叶林（2018）	城镇化水平、公共服务水平、基础设施水平和资源环境水平	专家群决策网络分析、因子贡献法	中国新型城镇化发展水平

续表

研究角度	作者及发表年份	指标体系构成	研究方法	研究对象
省市、县域层面	朱洪祥（2007）	动力因子、公平因子、质量因子、集约因子	层次分析法	山东省城镇化水平
	井晓鹏和周杜辉（2011）	经济、社会、人口、基础设施、生态环境	BP 神经网络	县域城镇化水平
	王新越等（2014）	人口、经济、空间、社会、生态环境、生活方式、城乡一体化、创新与研发	熵值法	山东省 17 个地级市新型城镇化发展水平
	续亚萍和俞会新（2015）	经济、社会、生活质量、基础设施、生态环境、城乡协调	主成分分析法	中国 32 个省份城镇化质量
	陈莉和李姣姣（2017）	环境保护、社会发展、生活状况、经济发展	主成分分析法、GA－PSO－ACO 综合指数	33 个新型城镇化试点城市
	王金营和李佳黛（2017）	人口、经济、社会、生态、创新	基于群决策的 AHP 方法	京津冀区域各城市新型城镇发展水平
	卓德雄和曾献君（2018）	经济城镇化、生活城镇化、基础城镇化、人口城镇化、文化教育城镇化、城乡协调一体化	TOPSIS 改进的因子分析模型	福建省新型城镇化质量
	王彦霞和王培安（2019）	人口、经济、社会、空间、居民生活质量、城乡统筹发展和创新发展	模糊综合评价法	浙江省 70 个县域行政单元
	李燕娜（2020）	人口城镇化、经济发展、城乡统筹、生态环境	主成分分析法	湖南省新型城镇化质量

1.2.3 “三生空间”融合发展研究

“三生空间”是自然系统和社会经济系统协同耦合的结果，生产空间、生活空间、生态空间有着密不可分的联系，三者相互影响。关于“三生空间”概念，国外学术界并无明确的提法，相关研究多出现在城市规划的理论研究和实践中。詹克斯等（2004）提出，环境污染、不可再生资源的节约利用、交通和服务设施是否便利等都是城市实现可持续发展需要考虑的问题。雅各布斯（2005）分析了城市不同功能区域合理分配、城市多样性发展的必要性和重要性。霍华德（1898）提出“田园城市”理论，构建“社会城市”模式，即一个中心城市与若干个田园城市构成城市群。芒福德在《城市发展史》中提出，制定城市规划和区域规划时，必须认真研究与城市相关的生态系统，并提出切实可行的措施。Schiappacasse 等（2021）发现，战略规划、积极参与、以质量为导向的总体规划和设计、统筹协调的规划和实施、地方政府强有力的支持和强大的创新动力是城市实现可持续性发展的重要因素。Qayyum 等（2021）研究发现，南亚经济体迅速城市化和非正规经济[①]的扩张，对环境质量构成严重威胁。Li 等（2022）研究发现，城市化对生态环境具有压力效应，而生态环境对城市化具有约束力。

中国学者对“三生空间”融合发展展开了大量的应用研究。蔡玉梅等（2008）和龙花楼（2014）阐述了“三生空间”建设模式。汪阳红和卢伟（2014）解析“三生空间”结构优化思路，并针对不同发展阶段、不同空间大小的城市群，提出优化“三生空间”结构的重点领域。郭言寒（2017）、金星星等（2018）、王映月和李朦（2019）采用不同研究方法，分别测算了江苏省地级市、闽三角城市群、西安市“三生空间”的综合利用质量、协调发展水平。江曼琦（2019）深入分析城市“三生空间”的内在联系，提出“三生空间”优化目标与路径。张雄等（2021）利用凝聚子群密度系数矩阵对长江中游城市群“三生”功能的空间关联性进行分析后发现，长江中游城市群“三生”功能网络中的城市直接联系增多、紧密程度提高。

---

① Informal economy，又被称为影子经济（shadow economy），指那些不受政府控制、可能会威胁环境安全的经济活动。参见原文 Qayyum，Unbreen，Samina Sabir，Sohail Anjum. Urbanization，informal economy，and ecological footprint qualityin South Asia[J]. Environmental Science and Pollution Research，2021(28)：67011 – 67021.

1.2.4 研究述评

目前，国内外学者对新型城镇化的内涵及质量评价展开了大量深入研究，且在“三生空间”融合、新型城镇化路径等方面进行了有益探索，为本书奠定了较为坚实的研究基础。但是，以往新型城镇化质量评价方面的文献鲜有从“三生空间”视角展开的研究，且未系统探讨基于“三生空间”融合理念的新型城镇化的推进机制。本书在城市扩张和乡村空心化的背景下，将生产空间、生态空间、生活空间融合发展的理念引入新型城镇化研究，系统探讨“三生空间”融合视角下新型城镇化的基础和动力，构建新型城镇化推进机制，以天津市蓟州区上仓镇为例，探讨其基于“三生空间”融合视角的新型城镇化实现路径，并在此基础上提出“三生空间”融合视角下推动新型城镇化的政策建议。

1.3 研究目标与研究思路

本书的主要研究目标有以下三点：

第一，全面客观评价京津冀城市群各城市的新型城镇化质量，梳理其时空演变过程，分析其集聚特征，总结其面临的“三生空间”失衡问题，为本书的研究提供现实依据。

第二，构建“三生空间”融合视角下新型城镇化的发展机理和推进机制，为本书的研究提供理论依据。

第三，在上述研究基础上，借鉴发达国家和地区的成功经验，以天津市蓟州区上仓镇为例，提出其“三生空间”融合视角下新型城镇化的实现路径和政策建议，为“三生空间”融合视角下的新型城镇化发展及政策的制定提供参考。

本书的研究思路如图 1－1 所示。

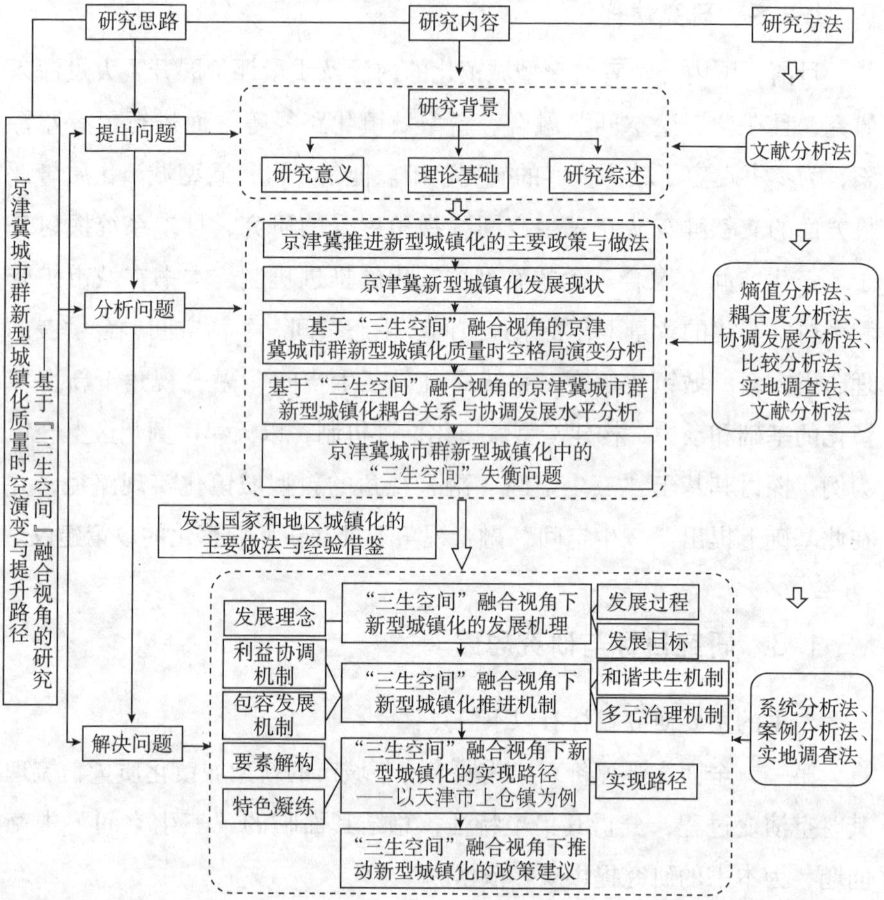

图1－1　本书的研究思路

1.4　主要创新点

本书的主要创新点有以下几个方面：

第一，学术思想创新。本书围绕发展理念、发展过程、发展目标，探析新型城镇化“三生空间”融合发展、“产城人文”四位一体的发展机理，构建促进资源合理利用的利益协调机制、促进人全面发展的包容发展机制、促进生态文明建设的和谐共生机制，并以多元治理机制为保障，统筹推进新型城镇化发展。

第二，研究方法创新。本书基于“三生空间”融合发展视角，构建新型城镇化评价指标体系，运用熵值法测算京津冀城市群各城市的新型城镇化质量并进行比较，分析其质量时空演变；运用耦合度和协调度指标，探究京津冀城市群各城市新型城镇化中的“三生空间”协调关系、城市新型城镇化协调关系。本书的研究方法与结论充实了相关研究。

第三，学术观点创新。本书以天津市蓟州区上仓镇为例，分析其要素解构、凝练其特色，提出其基于“三生空间”融合发展理念的新型城镇化的实现路径；借鉴发达国家和地区的经验，提出推动京津冀城市群新型城镇化发展的政策建议。

2 京津冀推进新型城镇化的主要政策与做法

2.1 北京

2.1.1 城市规划与特色小镇建设政策

如表2－1所示，从1953年开始，北京先后进行了8次城市总体规划及调整，其中6次是在2000年前完成的。进入21世纪，北京经济社会发展迅速，对北京城市总体规划提出新要求。2004年编制、2005年国务院审议通过的《北京城市总体规划（2004年—2020年）》提出“引导人口在市域范围内合理分布，通过疏散中心城的产业和人口，推进城市化进程，促进人口向新城和小城镇聚集”“计划形成‘中心城—新城—镇’的市域城镇结构”等。2017年发布的《北京城市总体规划(2016年—2035年)》提出“一核一主一副、两轴多点一区”的城市空间结构，明确了核心区功能重组、中心城区疏解提升、北京城市副中心和河北雄安新区，形成北京新的两翼、平原地区疏解承接、新城多点支撑、山区生态涵养的规划任务。这一次调整后的北京城市规划以资源环境为硬约束，更加突出了“三生空间”融合发展的理念。

表2－1 1953—2017年北京城市总体规划相关内容

年份	城市规划文件名称	主要内容
1953	《改建与扩建北京市规划草案的要点》	明确城市性质和建设总方针
1957	《北京城市建设总体规划初步方案》	建设大工业基地，首次提出建设子母城

续表

年份	城市规划文件名称	主要内容
1958	对《北京城市建设总体规划初步方案》做出重大调整	分散集团式布局，对工业发展提出控制市区、发展远郊区的目标，强调大力发展城乡接合的新市镇
1973	《北京地区总体规划方案》《北京市区总体规划方案》	现代工业、现代农业、现代科学文化和现代城市设施的清洁的社会主义首都（虽已编制完成，但被搁置，未讨论）
1982	《北京城市建设总体规划方案（草稿）》	明确城市性质为全国政治中心、文化中心
1992	《北京城市总体规划（1991 年—2010 年）》	建立以高新技术为先导、第三产业发达、经济结构合理的高效益、高素质的适合首都特点的经济
2004	《北京城市总体规划（2004 年—2020 年）》	“中心城—新城—镇”的市域城镇结构
2017	《北京城市总体规划（2016 年—2035 年）》	“一核一主一副、两轴多点一区”的城市空间结构

如图2－1所示，北京现有7个国家级特色小镇，其中第一批获批3个，第二批获批4个。2017年5月，北京市发展和改革委员会发布《关于进一步促进和规范功能性特色小城镇发展有关问题的通知》，鼓励功能性特色小城镇健康发展，并对规范小城镇建设发展秩序、全面提升小城镇规划建设管理水平提出一系列举措。2021年11月，国务院发布《关于支持北京城市副中心高质量发展的意见》，提出北京城市副中心建设指导思想、基本原则、主要目标等内容，并提出把城市副中心建成“绿色城市、森林城市、海绵城市、智慧城市、人文城市、宜居城市”，明确产业发展路径等，充分体现了“三生空间”融合发展思想。

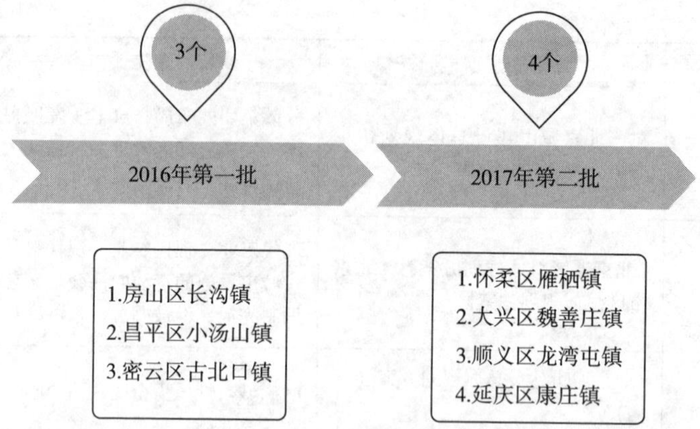

图2-1　北京国家级特色小镇

资料来源：笔者根据《住房和城乡建设部、国家发展改革委、财政部关于开展特色小镇培育工作的通知》《关于拟公布第二批全国特色小镇名单的公示》整理得到。

专题：北京基金小镇——打造中国特色小镇的样板

北京基金小镇位于北京市房山区长沟镇，2015 年长沟镇被评选为国家级特色小镇。长沟镇除了拥有长沟泉水国家湿地公园、长沟油菜花田、传奇大墓等旅游景点外，更加鲜明的特色是其产业发展定位——基金产业。

为承接功能疏解和首都金融功能外溢，长沟镇在其中心区域北部规划了占地面积 18 平方千米的北京基金小镇。北京基金小镇特色鲜明，是国家唯一以基金产业为主导的国家级特色小镇，这一定位充分发挥了北京的资源优势。截至 2021 年末，北京基金小镇已入驻 1600 余家基金及产业链相关机构。如表 2-2 所示，其中 35% 为私募基金管理人，37% 为私募基金，36% 为入驻机构。通过“1+N”战略合作模式（“1”为北京基金小镇，“N”为知名银行、证券公司、会计师事务所、律师事务所、其他相关平台等），北京基金小镇不断整合产业链上下游资源，完善基金生态服务链，提高专业服务水平。为了提升专业服务水平、完善国家级服务标准化体系，北京基金小镇启动了2项国家标准编制工作。

表2-2 全国主要基金小镇入驻单位情况对比

基金小镇名称	私募基金管理人占比（%）	私募基金占比（%）	入驻机构（GP和Fund）占比（%）
北京基金小镇	35	37	36
梅山海洋金融小镇	10	17	16
嘉兴南湖基金小镇	10	21	20
江西共青城基金小镇	9	12	13
玉皇山南基金小镇	25	23	24

“诚信安全”是北京基金小镇始终坚持的发展理念。2021年，北京基金小镇成立中国私募基金风险管理研究中心，建立基金业风险防控及纠纷多元化解机制，通过“尽调云”私募基金风险预警系统，动态跟踪监控企业经营行为，对入驻机构进行常态化审核排查，防范金融风险。2021年全年共有风控审核机构1173家，出具风控审核报告634份，召开合规风控委员会会议64次，审议机构440家；经过风险审核拒绝入驻机构52家，清退机构13家。

资料来源：①周一晨．打造中国特色小镇的“北京样板” 坚持新发展理念建设诚信安全的北京基金小镇［N］．经济参考报，2021-07-27；②北京基金小镇官网，https：//www.beijingfundtown.com/；③王霞，邓欣玮．基金小镇推动金融业高质量发展的经验与启示：以北京基金小镇为例［J］．现代商业，2021（31）：119-121.

2.1.2 户籍制度改革政策

2002年，北京市政府批转市公安局《关于推进小城镇户籍管理制度改革意见的通知》，明确规定在北京市内14个卫星城和33个中心镇的规划区范围内，有合法固定住所、稳定职业或生活来源的人员及其他共同居住生活的直系亲属，凡持有本市农业户口的，均可根据本人意愿办理城镇常住户口；对经批准在小城镇落户的人员，根据本人意愿，可保留其承包土地的经营权，并允许依法转让。2016 年 9 月，北京市提出要建立城乡统一的户籍登记制度，印发《关于进一步推进户籍制度改革的实施意见》（京政发〔2016〕43 号），取消农业户口和非农业户口的性质区分，建立与统一城乡户口登记制度相适应的教育、卫生计生、就业、社保、住房、土地及人口统计制度。

2015 年，北京通州入选国家新型城镇化综合试点地区，根据《国家新型城镇化综合试点方案》，通州开始推进积分落户政策。2016 年，《北京市积分落户管理办法（试行）》发布；2018 年，《北京市积分落户操作管理细则》发布，同年在线系统开放，并开始接受在线申报积分落户。2020 年，北京市对上述两项积分落户相关文件进行修订发布。截至 2020 年底，1.8 万人通过积分政策落户北京。2021 年北京市积分落户指标及主要内容见表 2－3。

表 2－3　2021 年北京市积分落户指标及主要内容

指标类型	指标名称	主要内容
加分项	合法稳定就业	正式劳动合同、投资办企业、个体工商户，且连续缴纳社保满 1 年
	合法稳定住所	分为自有产权住所且连续住满、合法租赁住所或单位宿舍两类，类型不同，对应的分值不同
	教育背景	分为大学专科（含高职）、本科且取得学士学位、研究生且取得硕士学位、研究生且取得博士学位四类，类型不同，对应的分值不同
	职住区域	要求城六区外自有住所居住，若同时在城六区外工作可获得加分
	创新创业	奖项级别不同对应的分值不同；在国家高新技术或科技型中小企业持股不低于 10% 且近三年获得股权类现金融资可获得加分
	纳税指标	近 3 年连续纳税，个人所得税纳税额在 10 万元及以上
	年龄	分为不超过 45 周岁、45 周岁以上两类，分值不同
	荣誉表彰	省部级以上劳模、全国道德模范、首都道德模范、全国见义勇为英雄模范、首都见义勇为好市民
减分项	涉税违法记录	近 5 年有涉税违法记录，每条记录减 12 分
	违法记录	近 5 年每条行政拘留记录减 30 分

资料来源：笔者根据《北京市积分落户操作管理细则》整理得到（http://rsj.beijing.gov.cn/xxgk/zcwj/202007/t20200721_1954238.html）。

在人才引进方面，北京根据经济社会发展需要，优化人才队伍结构，不断调整人才引进政策，于2018年发布《北京市引进人才管理办法（试行）》，建立优秀人才引进的“绿色通道”，并通过多种方式为本市行政区域内各类创新主体引进紧缺人才。北京支持优秀创新创业团队引进人才，加大各领域人才引进力度，于2021年发布《北京市引进毕业生管理办法》，旨在围绕“四个中心”功能建设，提高“四个服务”水平，推动首都高质量发展。

2.1.3 农村集体资产管理措施

1993年7月，北京颁布实施了《北京市农村集体资产管理条例》（1998年进行第一次修正，2010年进行第二次修正），对乡联社、村合作社的集体资产进行范围界定，明确由乡联社、村合作社管理委员会负责集体资产的管理工作，乡联社、村合作社依法决定集体资产的经营方式。1997年1月1日，北京正式实施了《北京市农村股份合作企业暂行条例》（1996年9月6日，北京市人民代表大会常务委员会会议通过，并于2016年进行修正），对农村股份合作企业的设立，股份，组织机构，财务会计与收益分配，合并、分立与解散清算等进行规范。1999年12月，北京市政府办公厅印发《北京市撤制村队集体资产处置办法》，对经批准撤制村、队的集体资产处置做出具体规定，明确撤制村、队集体资产处置中可享受分配的人员范围，撤制村、队集体资产的分配以可以享受分配的人员在村、队参加劳动的时间为依据。2003年6月，北京市委、市政府印发《关于进一步深化乡村集体经济体制改革加强集体资产管理的通知》，进一步深化乡村集体经济产权制度改革，积极推进乡村集体资产经营方式改革，推进乡村集体资产管理规范化。2004年8月，北京市出台了《关于积极推进乡村集体经济产权制度改革的意见》，明确集体资产所有权，规范集体经济产权制度改革的程序。2018年6月，北京市农村工作委员会下发了《关于全面开展农村集体资产清产核资工作的通知》及《北京市农村集体资产清产核资实施细则》，要求从2018年开始，北京利用2年左右的时间全面开展集体资产清产核资，进一步摸清集体家底、明确产权归属、健全管理制度、强化平台建设，这明确了农村集体资产清产核资是深化农村集体产权制度改革的重要基础，是保障农民财产权益的客观要求，是加强集体资产财务管理的有力举措。

2.1.4 社会保障政策

一是医疗方面。2003年6月，北京市颁布实施《北京市建立新型农村合作医疗制度的实施意见》，建立基本覆盖全市农村居民的新型农村合作医疗制度，市政府成立由卫生、财政等多部门组成的协调小组，负责统筹规划、政策制定、指导推动和检查监督等工作，规范资金筹集、资金支付、资金管理、医疗服务管理等，明确新型农村合作医疗制度由区县政府组织实施。2014年1月1日起，北京市开始试行《北京市城乡居民大病保险试行办法》，将参加本市城镇居民基本医疗保险和新型农村合作医疗的人员列入大病保险范围，城乡居民发生起付金额以上、5万元（含）以内的费用，由大病保险资金报销50%；超过5万元的费用，由大病保险资金报销60%。2017年1月，北京市人力资源和社会保障局下发《关于城乡居民医疗保险有关问题的通知》，将上述两项大病保险资金的报销比例分别由50%和60%上调为60%和70%。

二是养老保险方面。2008年12月，北京市颁布了《北京市城乡居民养老保险办法》，并于2009年1月1日起正式实施。北京实行全市统一的养老金标准，建立城乡一体的居民养老保险制度。2021年9月，北京市人力资源和社会保障局印发《关于促进本市农村劳动力就业参保若干措施》，统筹推进并促进农村劳动力就业参保任务的落实，明确工作目标和任务分工，确保到2025年基本实现将本市就业农村劳动力纳入城镇职工保险体系。

三是农村居民最低生活保障方面。2002年4月，北京市先后印发

《关于建立和实施农村居民最低生活保障制度的意见》和《北京市农村居民最低生活保障制度实施细则》，决定自2002年起在全市建立并实施农村居民最低生活保障制度，明确农村低保范围、低保标准、低保资金的管理、审批程序、家庭收入和核算等细则。为了更好地保障困难群众基本生活，确保困难群众生活水平得到改善和提高，北京市多次提高居民最低生活保障标准，2021年7月起提升至每月1245元。

2.2 天津

2.2.1 城市规划与特色小镇建设政策

如图2-2所示，2017年天津市陆续出台一系列推动特色小镇建设发展的方案、指导意见等文件，旨在打造特色小镇，全面建成高质量小康社会。2018年，天津市完成《天津市城市总体规划（2017—2035年）编制工作方案》，明确了天津新型城镇化发展的目标与路径。如表2-4所示，蓟州区、东丽区等区镇被确定为天津市新型城镇化建设试点。截至2018年底，天津市建有54个示范小城镇，覆盖范围涉及所有涉农区，示范小城镇包括华明镇、军粮城镇、金钟街等[①]。2021年9月，天津市发布了《天津市国土空间总体规划（2021—2035年）征求意见稿》，将强有力地支撑天津市深入推进京津冀协同发展、“一基地三区”建设。

① 天津示范小城镇包括以下镇街：东丽区：华明镇、军粮城镇、金钟街、新立街；津南区：小站镇、葛沽镇、八里台镇、咸水沽镇、辛庄镇、双桥河镇、南北闸口镇；西青区：张家窝镇、中北镇、王稳庄镇、精武镇、杨柳青镇、辛口镇、大寺镇青凝侯村；北辰区：双街镇、大张庄镇、北仓镇、双口镇、青光镇、小淀镇、西堤头镇；武清区：大良镇、南北辛庄村、后蒲棒村、东蒲洼街、梅厂镇、南蔡村镇、汉沽港镇、大王古庄镇、崔黄口镇；静海区：团泊镇、子牙镇、大邱庄镇、静海镇；宝坻区：马家店镇；蓟州区：田家峪村、毛家峪村、玉石庄村、蓟州新城；宁河区：芦台镇、北淮淀镇、潘庄镇；滨海新区：茶淀镇、新塘组团、大田镇、茶淀桥沽村、太平镇、中塘镇、小王庄镇、新城镇。

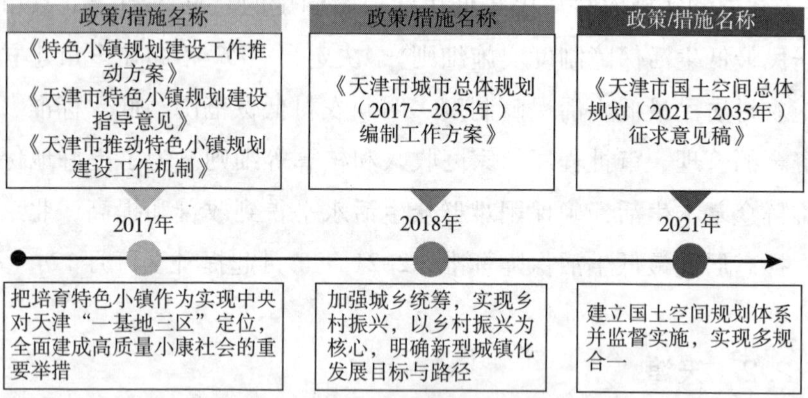

图2－2　天津市城市规划与特色小镇建设相关政策措施

资料来源：笔者根据天津政务网（http://www.tj.gov.cn/）资料整理得出。

表2－4　天津的国家新型城镇化综合试点名单

批次	地区
第一批	蓟州区（原为蓟县）
第二批	东丽区、西青区中北镇
第三批	西青区张家窝镇、静海区大邱庄镇、静海区团泊镇

资料来源：笔者根据国家发展和改革委员会网站（https://www.ndrc.gov.cn/?code=&state=123）资料整理得出。

专题：基于“三生空间”融合理念的特色小镇发展模式

依据特色小镇的发展定位、发展特征，以及生产—生活—生态“三生功能”在特色小镇发展中的地位，本书将天津市特色小镇（包括国家级特色小镇、市级实力小镇和市级特色小镇）的发展模式归为生产型特色小镇、生活型特色小镇、生态型特色小镇，确定了大王古庄镇等17个生产型特色小镇、下营镇等9个生活型特色小镇和林亭口绿色建筑小镇等3个生态型特色小镇（见表2－5）。

表 2-5 天津市特色小镇发展模式

发展模式	名称	类型	所在行政区
生产型	大王古庄镇（大王古庄京滨智能装备小镇）	国家级特色小镇（市级实力小镇）	武清区
	崔黄口镇（崔黄口电商小镇）	国家级特色小镇（市级特色小镇）	武清区
	中塘镇（中塘汽车橡塑小镇）	国家级特色小镇（市级特色小镇）	滨海新区
	华明智能制造小镇	市级实力小镇	东丽区
	八里台智慧实力小镇	市级实力小镇	津南区
	中北运河商务小镇	市级实力小镇	西青区
	双街实力小镇	市级实力小镇	北辰区
	大邱庄智能新材实力小镇	市级实力小镇	静海区
	新城镇农科创艺小镇	市级特色小镇	滨海新区
	小站稻耕文化特色小镇	市级特色小镇	津南区
	东丽湖金融小镇	市级特色小镇	东丽区
	廉庄水稻小镇	市级特色小镇	宁河区
	白涧农业科创小镇	市级特色小镇	蓟州区
	大北涧沽散热器小镇	市级特色小镇	宁河区
	茶淀葡香小镇	市级特色小镇	滨海新区
	北辰经济开发区长荣印特智汇小镇	市级特色小镇	北辰区
	潘庄齐心亲子蘑法小镇	市级特色小镇	宁河区
生活型	下营镇（下营山野运动休闲旅游小镇）	国家级特色小镇（市级特色小镇）	蓟州区
	葛沽镇（葛沽民俗文化小镇）	国家级特色小镇（市级特色小镇）	津南区
	东浦洼欧式风情小镇	市级特色小镇	武清区
	团泊休闲特色小镇	市级特色小镇	静海区
	京津新城温泉小镇	市级特色小镇	宝坻区
	小淀颐养健康特色小镇	市级特色小镇	北辰区
	官庄伊甸园旅游水镇	市级特色小镇	蓟州区

续表

发展模式	名称	类型	所在行政区
生活型	东丽湖盈康小镇	市级特色小镇	东丽区
	杨柳青文化旅游小镇	市级特色小镇	西青区
生态型	林亭口绿色建筑小镇	市级特色小镇	宝坻区
	八门城镇生态农业小镇	市级特色小镇	宝坻区
	生态城亿利生态小镇	市级特色小镇	滨海新区

资料来源：笔者根据天津市特色小镇发展模式整理得出。

生产型特色小镇以特色产业为支撑，产业优势突出，在产业链特定生产工序或少数产品上进行集聚，形成规模效应，促进当地就业，增加税收收入，并以特色产业带动小镇生活空间和生态空间的发展和完善①。例如，大王古庄镇依托京滨工业园引进阿里巴巴、博斯特能源、大禹节水、本特勒、蒙牛乳业等知名企业，形成“1 +5”“智能 +”产业体系。中塘镇工业基础雄厚，基本形成了橡塑、汽车零部件等八大主导产业，成为全国最大的汽车胶管研发生产基地、华北最大的铝型材生产基地。拥有深厚葡萄种植基础的茶淀葡香小镇，通过突出茶淀玫瑰香葡萄品牌，打造以葡萄种植及深加工为基础、三产融合发展的葡萄特色小镇。

生活型特色小镇以民间文化、人文景观、自然风景为特色，生活配套服务设施完善；重点发展健康养老、休闲养生、旅游度假等服务业，以满足人们休闲、娱乐的消费需求。例如，葛沽镇民俗文化小镇，以漕海民俗文化为特色，形成“一区五园”“两湾一带”的发展格局。团泊休闲特色小镇紧邻团泊湖风景区，风景怡人、空气清新，重点发展观光旅游和健康养老产业。

① 马海涛，赵西梅．基于“三生空间”理念的中国特色小镇发展模式认知与策略探讨[J]．发展研究，2017(12)：50 –56.

生态型特色小镇依托自身优越的生态资源，引入绿色产业，发展农业循环经济，创新生态种植、生态旅游，促进特色小镇发展。例如，位于滨海新区的生态城亿利生态小镇，依托生态城拥有的资源和技术优势，将产业特色定位于生态修复、资源再生，发展重点聚焦于生态修复、生态科普、颐养健康等产业。

2.2.2　户籍制度改革政策

如图2－3所示，2013年，天津市公布《天津市居住证管理暂行办法》《天津市居住证积分指标及分值表》，并于2014年1月1日开始试行外来人口居住证管理办法，取消暂住证；随后发布了相关配套实施细则，对积分指标及分值不断进行调整，逐步完善积分落户政策。现行积分指标主要内容见表2－6。2016年，为贯彻落实《国务院关于进一步推进户籍制度改革的意见》，推进城镇基本公共服务常住人口全覆盖，天津市发布了《天津市人民政府关于进一步推进户籍制度改革的意见》等多个户籍制度改革政策。2022年1月1日，重新修订后的《天津市居住证管理办法》和《天津市居住证积分指标及分值表》正式实施，其中的京津冀居住证互认进一步推进京津冀协同发展，向落实国务院“探索实行城市群内户口通迁、居住证互认制度”迈出重要一步。

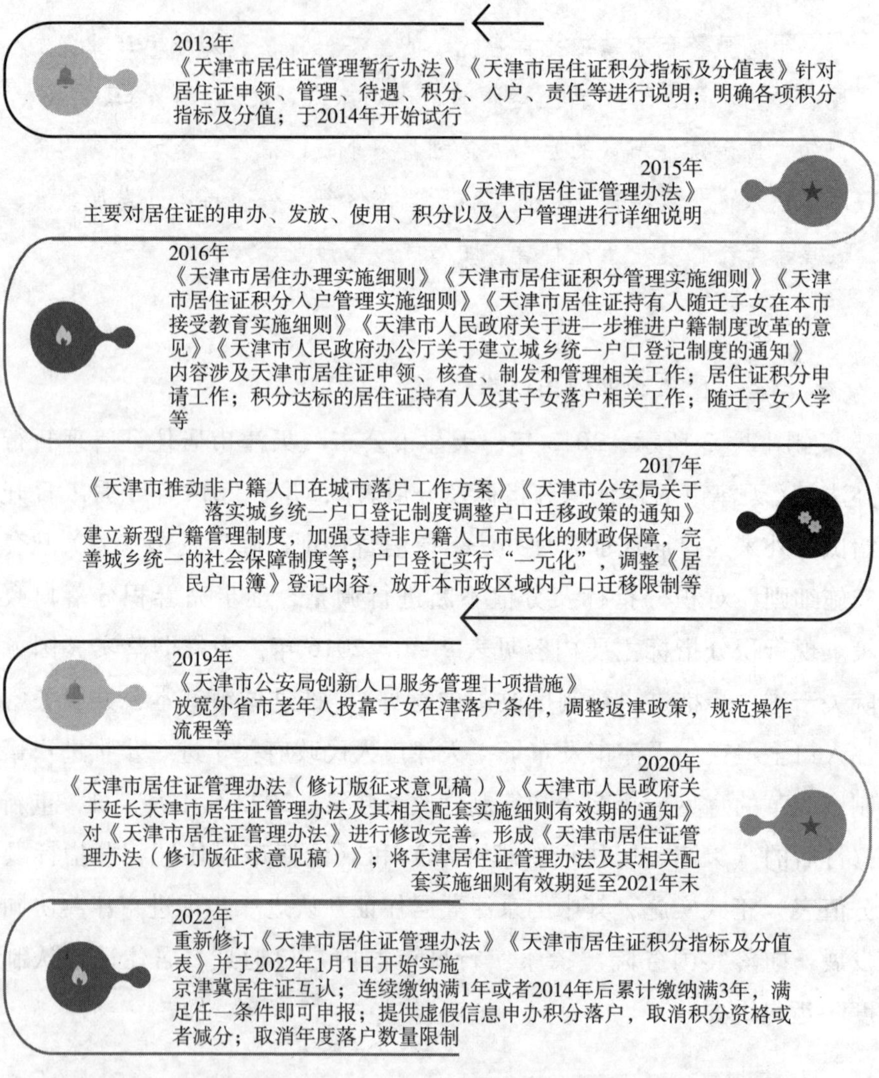

图2-3　2013—2022年天津市户籍制度改革的主要政策措施

资料来源：笔者根据天津政务网（http：//www. tj. gov. cn/）资料整理得出。

表2-6　天津市居住证积分指标主要内容

序号	指标	指标内容
1	社会保险	按险种计分；不同参保时长、参保险种，对应的分值不同
2	居住	不同居住方式（租房、购房）、购房地点、居住证签注次数，对应的分值不同；京津冀居住证互认

续表

序号	指标	指标内容
3	住房公积金	根据缴存住房公积金时长计分（分为满 60 个月、不满 60 个月两类）
4	年龄	分为 35 周岁及以下、36 ~ 45 周岁两个级别进行计分
5	受教育程度	不同学历（大专、本科及以上），对应的分值不同
6	专业技术人员职业资格、职业技能水平	不同职业资格、不同职业技能水平，对应的分值不同
7	职业（工种）	根据职业紧缺程度计分
8	婚姻情况	已婚且夫妻双方均在本市就业、申请人配偶在用人单位依法缴纳社会保险满两年
9	奖项和荣誉称号	根据奖项级别计分
10	违法、违规与犯罪	提供虚假信息、有刑事犯罪记录等减分

资料来源：笔者根据《天津市居住证积分指标及分值表》整理得出（http://hrss.tj.gov.cn/jsdw/yjrczhfwzx/zcyjdnew/202201/t20220104_5770656.html）。

2.2.3 土地制度改革政策

2005 年下半年，天津市综合实际情况，以解决小城镇建设中的普遍难题为核心目标，组织相关部门及人员充分调查研究，试点实施“以宅基地换房”推进示范小城镇建设的举措，首批推出三镇两村[①]以宅基地换房试点工作。2007 年，天津市启动第二批九镇三村[②]以宅基地换房试点工作。如葛沽镇尝试通过“宅基地换房”“土地换保、土地换补”，将全镇土地整合收归镇政府，之后转变土地性质，由集体建设用地和农用地征转为国有建设用地，再通过招拍挂的方式在土地市场进行出售。随后，天津市启动了第三批、第四批以宅基地换房建设小城镇试点工作[③]。2006—2018 年，天津市发布《天津市以宅基地换房建设示范

① 三镇两村分别为东丽区华明镇、津南区小站镇、武清区大良镇、武清区后浦棒村和南北辛庄村。

② 九镇三村分别为津南区葛沽镇、八里台镇，西青区张家窝镇，北辰区双街镇，汉沽区（现为滨海新区）茶淀镇，宝坻区马家店庄镇，静海县（现为静海区）团泊镇，宁河县（现为宁河区）芦台镇，蓟县（现为蓟州区）泗溜镇以及毛家峪村、田家峪村和玉石庄村。

③ 第三批涉及 11 个镇、132 个村；第四批涉及 9 个镇、98 个村。

小城镇管理办法》等文件，进一步规范宅基地换房、城乡建设用地增减挂钩试点工作。

专题：“三区”统筹联动发展，推进新型城镇化建设

2010 年，为了扩大和完善示范小城镇建设，天津市委、市政府提出实施“三区”统筹联动发展的新战略。“三区”分别为示范工业园区、现代农业产业园区和农民居住社区。“三区”统筹联动发展战略通过确定小城镇产业格局，明确发展定位，引导产业向规模经营集中、工业向园区集中，科学合理布局，为小城镇建设提供新动力；示范小城镇试点建设农民居住社区，加快区县基础设施建设，引导农民向城镇集中，在更高水平上保障农民生活，实现农民安居乐业。

“三区”统筹联动从天津市实际出发，充分发挥特大城市的比较优势，加快推进农村的工业化、城镇化和农业现代化，实现生产空间与生活空间的良性互动，推动城乡结构调整，为城乡一体化发展提供空间保障，为实现新型城镇化发展提供强有力的支撑和动力。

“三区”统筹联动发展能够强区强镇，是天津市推动新型城镇化建设的必要举措，也是天津市探索统筹城乡发展的新途径。其有利于促进镇村经济发展、转变农业生产方式、提高农民生活质量、保证农村生活的和谐稳定。

资料来源：杨静美，张新华，杨肖．新型城镇化建设“三部曲”及政府角色定位：以天津市为例［J］．天津行政学院学报，2014，16（4）：40－45.

2.2.4 社会保障政策

2003 年，“新农合”开始在北辰、大港、东丽、静海四区进行试点工作，并于 2007 年开始在全市 12 个涉农区县全面推行“新农合”。

2007年和2009年，天津市相继印发城乡居民基本医疗保险相关规定[①]。2010年1月，天津市率先实现城乡居民基本医疗保险整合，实现全市统筹。2019年，天津市印发《关于实施城乡居民基本医疗保险的若干意见》，进一步明确城乡居民基本医疗保险参保缴费、待遇支付、经办管理等相关政策措施，同年《天津市基本医疗保险条例》发布。

2007年、2009年、2014年，天津市先后印发了农村社会基本养老保障规定和实施办法[②]，逐步建立起城乡统一的居民基本养老保险制度。为进一步提高城乡居民养老保障待遇水平，天津市多次调整城乡居民基础养老金，提高老年人生活补助标准。2018年12月31日起，天津的基础养老金标准为每人每月307元，60~69周岁、70~79周岁、80周岁及以上老年人的生活补助标准分别为每人每月125元、135元、145元。

专题："三改一化"改革实践

2011年，天津市东丽区华明镇率先进行"三改一化"改革探索。东丽区以此为契机，在本区内确定三批试点村庄，推进"三改一化"改革。"三改一化"，即村委会改为居委会（村改居）、村民的农业户口改为非农业户口（农改非）、农村集体经济组织股份制改革（集改股），消除二元体制（一化）。村民户口改为非农业户口，由农民身份转变为市民身份，形成农民与市民双重待遇叠加。农民转变身份后，除拥有薪金外，还拥有股金、租金、保障金，收入水平显著提高。村委会依照法定程序进行撤销，以社区居委会代替村委会，建立并完善社区管理及服务体系。将村集体经济组织改

① 《天津市城镇居民基本医疗保险暂行规定》和《天津市城乡居民基本医疗保险规定》。

② 2007年，《天津市农村社会基本养老保障暂行办法》印发，自2008年1月1日起，建立农村社会基本养老保障制度；2009年《天津市农村社会基本养老保障规定》印发；2014年《天津市城乡居民基本养老保险实施办法》发布。

为股份制公司，村民变股东、资产变股权，明确产权关系，建立新的集体资产管理体制及运行机制，提高经营效益。

“三改一化”遵循统筹规划、整体推动的基本原则，切实保护农民权益，保持社会和谐稳定，坚持试点先行、稳步推进。实践证明，实施“三改一化”有利于系统解决工业化、城镇化进程中的“三农”问题，消除城乡二元结构、加快城乡一体化发展新格局的形成。

2.3 河北

2.3.1 新型城镇化政策

2014年，河北省委、省政府印发《中共河北省委、河北省人民政府关于推进新型城镇化的意见》，提出以京津冀协同发展为引领，以以人为本的城镇化为核心，制定了35条措施推进新型城镇化。各市结合本市实际，提出符合自身实际和需求的推进新型城镇化建设的实施意见。例如，石家庄提出构建“一河两岸三组团核心区”和“一横一纵”城镇发展轴、中东西区域协调发展等。2016年6月，河北省政府印发《关于深入推进新型城镇化建设的实施意见》，着力完善户籍、土地、财政、投融资等政策措施，积极推进农业转移人口市民化，加快培育中小城市和特色小城镇，推进新型城镇化综合试点，充分释放新型城镇化蕴藏的巨大内需潜力，为经济持续健康发展提供强劲动力。

2015年，河北省城镇化工作领导小组办公室公布了张家口、衡水、辛集等17个省级新型城镇化综合试点地区，并围绕户籍制度改革、城乡一体化等积极探索创新举措。同年，河北省石家庄市、定州市、张北县三地入选国家新型城镇化综合试点。2016年，河北省发布《河北省新型城镇化与城乡统筹示范区建设规划（2016—2020年）》，明确推进新型城镇化和城乡发展一体化的主要目标、发展路径和战略任务。同年，为加强城市规划空间管控、规范用地行为，《关于加强城市规划和用地管理改革的意见》发布。经济发展是新型城镇化的基础，为推动河北省县域经济迈上新台阶，2019 年，河北省市场监管局制定《关于支持县域经济暨新型城镇化建设的若干措施》。

为加快打造具有河北省鲜明特色、引领带动区域发展的特色小镇，2017 年，河北省委、省政府发布《关于建设特色小镇的指导意见》，随后河北各市发布相关政策文件，加快特色小镇建设。河北省共有 12 个国家级特色小镇，包括秦皇岛市卢龙县石门镇、衡水市武强县周窝镇、石家庄市鹿泉区铜冶镇等。2019 年河北省特色小镇创建类和培育类名单显示，河北省以工业、农业产业特色为基础形成的产业集聚的生产型特色小镇共有 40 个，以康养、文化创意、运动休闲、旅游为特色的生活型特色小镇共有 40 个，以生态农业、循环农业为特色的生态型特色小镇共有 4 个，详细内容见表 2－7。

表 2－7 河北省特色小镇名称及其类型

类型	数量	小镇名称		
生产型	40 个	栾城区航空小镇	高邑县物流小镇	鹿泉区君乐宝乳业小镇
		承德县德鸣大数据小镇	曹妃甸区匠谷小镇	昌黎县干红小镇
		鹰手营子矿区山楂小镇	玉田县灵芝小镇	滦南县钢锹小镇
		永清县云裳小镇	香河县机器人小镇	大厂县影视小镇
		安次区第什里风筝小镇	大城县宫廷木艺小镇	安次区印创小镇
		永清县智能家居小镇	安国市药苑小镇	涞水县京作家具小镇
		高碑店市智能科技小镇	曲阳县定瓷小镇	肃宁县华斯裘皮小镇
		青县中古红木小镇	沧县明珠服饰小镇	枣强县玫瑰小镇
		安平县丝网小镇	景县物流装备小镇	桃城区大数据小镇
		清河县羊绒小镇	宁晋县电缆小镇	平乡县童车小镇
		宁晋县农机小镇	沙河市玻璃小镇	南和县宠物小镇
		广平县健康食品小镇	柏乡县牡丹小镇	广宗县自行车小镇
		曲周县世界童车小镇	魏县聚银螺丝小镇	定州市钢网小镇
		辛集市皮毛小镇		

续表

类型	数量	小镇名称		
生活型	40 个	新乐市东方艺术小镇	平山县汉唐古镇	井陉矿区贾庄古镇
		双滦区鼎盛王朝文旅小镇	宽城县满族风情小镇	兴隆县塞外江南水镇
		崇礼区富龙冰雪小镇	围场县皇家猎苑小镇	丰宁县中国马镇
		涿鹿县黄帝城文旅小镇	崇礼区太舞运动小镇	桥东区飞行小镇
		经开区东胜国际健康小镇	香河县健康小镇	下花园区蝶恋花小镇
		迁西县花乡果巷小镇	青龙县冷口温泉小镇	北戴河新区康养小镇
		桥东区元子河康养小镇	永清县定向运动小镇	遵化市古泉小镇
		涞源县白石山康养小镇	涞水县四季童话小镇	易县恋乡太行水镇
		高碑店市中华老字号小镇	清苑区好梦林水小镇	定兴县非遗小镇
		运河区绿元尚邦康养小镇	献县汉文化小镇	武强县周窝音乐小镇
		滨湖新区闾里古镇	景县董子文化小镇	饶阳县乐活小镇
		武邑县雕刻小镇	桃城区航空运动小镇	邢台市路罗康养小镇
		邢台市兴台古镇	涉县太行民俗小镇	磁县中华成语文化小镇
		丛台区世界谚语文化小镇		
生态型	4 个	抚宁区天马生态农业小镇	曲周县循环农业小镇	霸州市生态农业小镇
		永清县盛世福地生态小镇		

资料来源：笔者根据河北省发展改革委发布的《河北省特色小镇创建类和培育类名单（2019）公示》相关数据整理得出。

2.3.2 户籍制度改革政策

为加快农业转移人口市民化进程，深化户籍制度改革，保障基本公共服务，2014 年，河北省出台《关于深化户籍制度改革的实施意见》。2016 年 11 月，河北省政府正式发布《河北省人民政府关于实施支持农业转移人口市民化若干财政政策的意见》，旨在加快推进河北省农业转移人口市民化进程，推动基本公共服务常住人口全覆盖。为此，河北省建立农业转移人口市民化与财力性转移支付挂钩（奖励）机制，实行财力性转移支付分配与持有居住证人口挂钩，并设立农业转移人口市民化奖励资金；加大对农业转移人口市民化的支持力度，进一步完善教育、城乡基本医疗保险、统筹城乡的社会保障体系等制度，促进新型城镇化建设和城乡统筹发展。2017 年 8 月，河北省印发《关于推动非户籍人口在城市落户的实施意见》，拓宽落户通道，制定财政、住房保障、医疗保险、养老保险、教育等配套政策，促进有能力在城镇稳定就业和生活的农业转移人口举家进城落户，进一步扩大内需、改善民生，推进河北省新型城镇化发展。

2.3.3 社会保障政策

2017 年 4 月，河北省政府印发《河北省人民政府关于建立统一的城乡居民基本医疗保险制度的意见》，在全省范围内建立并完善与城镇职工基本医疗保险、大病保险、医疗救助及其他医疗保障制度衔接的城乡居民基本医疗保险制度；明确参保范围包括不属于城镇职工基本医保参保范围的城乡居民，统一覆盖范围、统一筹资政策、统一保障待遇、统一基本医疗保险目录、统一定点管理、统一基金管理，推动医疗保障更加公平、医疗管理服务更加规范、医疗资源利用更加有效，促进全民医疗保险体系持续健康发展。

专题：高质量发展的雄安新区

雄安新区肩负疏解北京非首都功能、培育创新驱动发展新引擎的历史重任。高质量发展的雄安新区一方面要做好北京非首都功能的承接工作，优化产业结构，保证新区社会经济高质量发展；另一方面要兼顾雄安新区生态条件良好的先天优势，坚持生态优先、绿色发展。

第一，低碳绿色。

按照《河北雄安新区启动区控制性详细规划》，雄安新区结合现有地形地貌特征，高标准、高质量、高效率推进中央绿谷和东部溪谷“双谷”生态廊道建设，构建水、林、湖、草等多元素融合的城市生态环境。截至 2020 年底，雄安新区造林面积已达 41 万亩。

作为白洋淀上游流经的主要行政区，保定市已实施白洋淀综合治理和保护重点项目139个，生态补水达28.9亿立方米。截至2021年9月，白洋淀流域原有59座污水处理厂全部完成提标改造，新建污水处理厂25座。白洋淀区整体水质由2017年的劣Ⅴ类提升到2020年的Ⅳ类，淀心区平均水质达到Ⅲ类标准。

2022年1月，《关于完整准确全面贯彻新发展理念认真做好碳达峰碳中和工作的实施意见》（以下简称《实施意见》）发布。《实施意见》提出，河北将积极组建中国雄安绿色交易所，推动北京与雄安的联合，争取设立国家级国家核证自愿减排量（CCER）交易市场。

第二，智慧信息。

自2017年开始设立起就镌刻着“智慧基因”的雄安新区，就融入了新区规划建设中。小到智能井盖、智能城市光网，大到智慧交通、智慧工地，雄安新区均采用数字技术，打造“智慧城市”。

2018年，中国雄安集团数字城市科技公司联合华为技术有限公司提交的“P2413.1智慧城市参考架构标准”框架提案获得一致通过，中国在参与物联网和智慧城市标准制定方面迈出坚实的一步，进一步提升了中国在该领域的国际话语权。2020年10月，雄安城市计算（超算云）中心开工建设，其搭载了边缘计算、超级计算、云计算设施等，为雄安新区的大数据、区块链提供网络、计算和存储服务。依托雄安城市计算（超算云）中心，雄安新区将建设农业大数据中心，打造“雄安农业云”。

资料来源：中国雄安官网，http：//www.xiongan.gov.cn/.

3 京津冀新型城镇化发展现状

3.1 城镇化率稳步提升

北京城镇化发展大致经历了三个阶段：一是改革开放至1990年，这是北京城镇化进程的高速发展阶段，其城镇化率由55%提高到73.5%。这一阶段北京人口城镇化速度快，但二元经济体制下城乡各自发展，城镇化质量较低。二是1990—2005年，北京城镇化率由73.5%提高到83.6%，北京城镇化进入成熟阶段。这一阶段北京城市向外快速扩张，经济活力增强，城乡差距较大。三是2005—2012年，北京进入城乡一体化背景下的新型城镇化阶段，城镇化率缓慢上升，农村剩余劳动力基本转移至工业、服务业。2013年开始，北京新型城镇化率保持稳定，超过高收入国家城镇化水平，2019年达到86.6%，位居全国第2。

在政策利好及新型城镇化规划等因素的推动下，天津市小城镇建设加快推进，天津市城镇人口逐年增长，城镇化率稳步提升，自改革开放以来稳居全国前3。天津市统计局数据显示，天津市城镇常住人口由2005年的783.4万人提高到2020年的1174万人，增长了49.86%。如图3－1所示，2005年，天津市城镇化率为75.07%，2019年达到83.48%。天津快速增加的城镇人口，一部分来自农村搬迁至城镇的人口，另一部分是外省份到天津就业创业的人口。人口的搬迁、创业就业、常住生活，对天津市经济繁荣起到促进作用。天津市积分落户政策不断调整完善，截至2021年8月底，“海河英才”计划累计引进各类人才 40 万人。

河北省人口城镇化率增长较快，如图 3－1 所示，其由 2005 年的 37.69%提高到 2019 年的 57.62%。近年来，河北省持续深化户籍制度改革，全面放开城镇落户限制。河北省第七次全国人口普查结果显示，截至 2020 年 11 月 1 日零时，河北省居住在城镇的人口为 4481 万人，占河北省总人口的 60.07%，比 2005 年提高了近 23 个百分点。从河北省 11 个地级市来看，如图 3－2 所示，城镇化率最高的三个城市分别是石家庄、唐山、廊坊，2019 年其城镇化率分别为 64.41%、64.32% 和 61.29%。

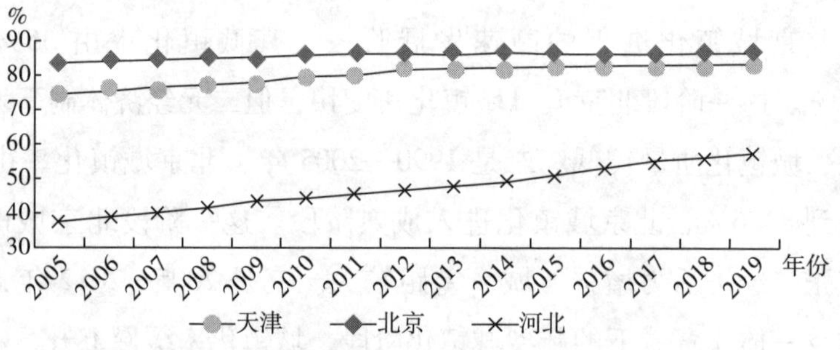

图 3－1　2005—2019 年北京、天津、河北城镇化率变化

资料来源：笔者根据国家统计局数据库、《河北经济年鉴》（2006—2019）、《河北统计年鉴》（2020）数据绘制得出。

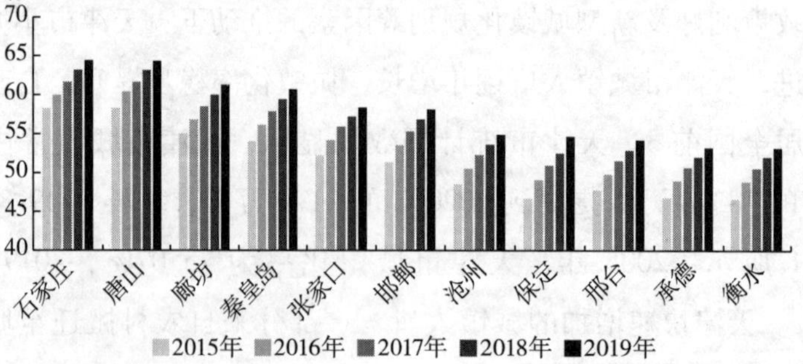

图 3－2　2015—2019 年河北省 11 个地级市城镇化率

资料来源：笔者根据《河北经济年鉴》（2016—2019）、《河北统计年鉴》（2020）数据绘制得出。

3.2 公共服务均等化持续推进

3.2.1 北京相关发展状况

近年来，北京不断调整、优化城市功能，推进教育、医疗等公共服务设施向中心城区以外的地区发展，全面提升城市副中心、平原新城的公共服务能力和水平。从卫生服务能力来看，北大人民医院通州院区基本建成，北京同仁医院经济技术开发区院区（亦庄院区）正式启用，北京安贞医院通州院区、积水潭医院新龙泽院区建成并投入使用。以涉农区与非涉农区进行划分，从人均医疗机构实有床位数来看，如图3－3所示，涉农区人均床位数量稳步增长，由2005年的2.7张增至2019年的4.7张；从城乡差距来看，2019年涉农区人均床位数量比非涉农区人均床位数量少2.2张，低于2005年（2.9张）的水平，城乡差距逐步缩小。

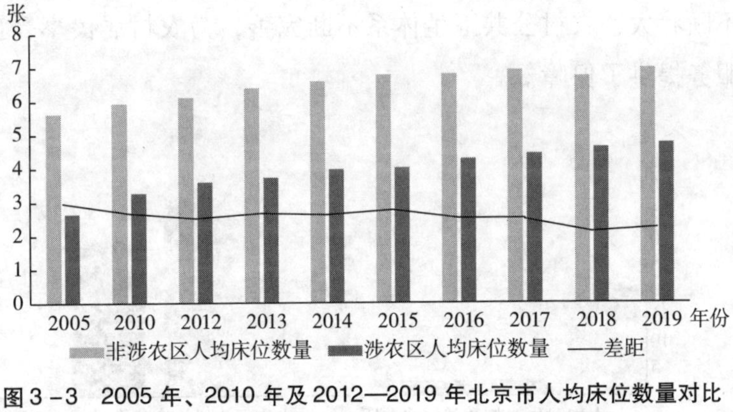

图3－3　2005年、2010年及2012—2019年北京市人均床位数量对比

资料来源：笔者根据《北京区域统计年鉴》（2020）数据计算得出。

在教育服务方面，北京有序疏解中心城区部分普通高等学校，压缩中心城区高校学生规模。2001年北京启动了沙河高教园区、良乡高教园区建设，目前中央财经大学、北京航空航天大学、外交学院等高校新校区均设在这两个园区内。2021年9月，北京大学昌平校区、中央民族大学丰台校区、北京信息科技大学沙河校区、北京电影学院怀柔校区等高校新校区建成投用，首都医科大学在北京市大兴区新建校本部、首都体育学院在延庆新城09街区的新校区加快建设。

3.2.2 天津相关发展状况

2020年末，天津参加城镇职工基本医疗保险的人数为618.43万人，比2019年增长了3.9%；参加城乡居民基本医疗保险的人数为545.67万人，比2019年增长了0.7%；参加城镇职工基本养老保险的人数和城乡居民养老保险的人数分别增长5.1%和3.2%。从卫生服务能力来看，2016—2019年，天津市农村执业（助理）医师的数量从491人提高到876人。如图3－4所示，2015年，天津市城乡间人均卫生机构数量、人均卫生机构床位数量分别相差3.4个和42.7张；2019年，上述两个指标的差距分别降至3.2个和33.8张，城乡差距呈缩小趋势，尤其是人均卫生机构床位数量，涉农区增长较快。上述数据表明，天津市涉农区卫生服务能力显著提高，乡村医疗卫生规模不断壮大，农村公共卫生体系不断完善，为农村居民享受良好的医疗服务提供了保障。

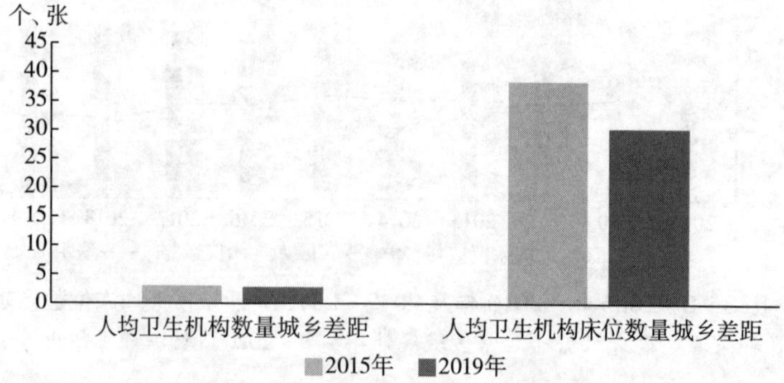

图3－4 2015年与2019年天津市城乡卫生服务能力对比

资料来源：笔者根据《天津统计年鉴》（2016，2020）数据测算绘制得出。

3.3 城乡人居生态环境持续改善

“十三五”期间，北京空气质量明显改善。2020年，北京主要污染物平均浓度值全面下降，全市细颗粒物年均浓度累计下降53%，密云、怀柔、延庆等8个区细颗粒物年平均浓度达到国家二级标准，占北京市域面积的80%。资源利用效率逐步提高，2020年，北京市单位地区生产总值能耗和水耗分别下降24%和18.7%。2013年至今，北京市连续启动了三轮“城乡水环境治理工作三年行动”。通过前两轮“三年行动”[①]，北京市新建再生水厂68座，全面消除142条段黑臭水体，污水处理率达到95%。截至2020年末，北京累计完成公厕改造5615座、户厕改造15.1万户，无害化卫生户厕覆盖率达到99.3%；396个位于城乡接合部的村庄完成环境整治工作。

近年来，天津市城乡人居环境持续改善。“十三五”期间，天津市空气质量明显改善，PM2.5、PM10、SO_2和NO_2年平均浓度分别下降31.4%、41.4%、72.4%和7.1%。2019年天津市地表水优良水体占比达到50%，劣Ⅴ类地表水比例首次下降到5%[②]。2020年，天津市加快推动“津城”与“滨城”间736平方千米绿色生态屏障建设，计划年内完成6万亩植树造林任务，为京津冀再造“城市绿肺”。2020年，天津完成市区12.2万平方米棚户区、农村5087户困难群众存量危房的改造工作。天津农村全域清洁化工程不断推进，农村居民饮用水安全得到保障，2061个村的202.2万名农村居民喝上了“安全水”“放心水”。各涉农区按照人口5‰的比例配齐保洁员，建设2666座小型收集站点、746座转运站、8座垃圾焚烧厂，配备1444辆专业收集转运车，实现农

---

① 北京市前两轮污水治理行动计划的时间节点分别为2013—2016年、2016年6月—2019年6月。

② 天津整治环境保护生态让百姓收获“绿色幸福感”[EB/OL]. https://m.thepaper.cn/baijiahao_5575710.

村生活垃圾收集率100%、无害化处理率97.4%[①]；农村有29.6万座户厕和1510座公厕得到改造升级。

“十三五”期间，河北省PM2.5平均浓度累计下降40%，其中2020年空气优良天数的比例达到69.9%，张家口、承德、秦皇岛空气质量在河北省各地级市中排名前3；单位地区生产总值能耗累计下降21.26%。截至2021年8月底，河北省完成608个公园新建（改造提升）项目（其中新建282个），另有在建公园绿地368个；已开工建设12座垃圾焚烧厂项目，各区市及县城主要道路机扫率达到95%；改造农村户用卫生厕所110.3万座，新建农村公共厕所1.66万座。

3.4 城乡收入差距变化不一

如图3-5所示，北京市城镇居民人均可支配收入由2010年的29073元提高到2020年的75602元，增长了160%；农村居民人均可支配收入增长速度低于城镇，2010—2020年增长率为127%，其中2020年的农村居民人均可支配收入为30126元。城乡收入差距较大，2010—2014年，城乡收入比保持在2.17~2.23，2015年城乡收入差距明显增加，到2019年北京市城乡收入比基本保持在2.55左右，2020年降至2.51，2020年城乡收入差距超过4500元。

如图3-6所示，2010—2020年，天津市城乡居民收入水平稳步提升，其中2020年城镇居民人均可支配收入提高至47659元，与2010年相比增长了96.19%。农村居民人均可支配收入增长幅度高于城镇，2020年比2010年增长了117.70%，达到25691元。城乡收入差距逐步缩小，天津城乡收入比由2010年的2.06降至2020年的1.86，其中2020年的城乡收入差距约为22000元。

---

① 天津市农村人居环境整治三年行动圆满收官:干净整洁有序美化[N]. 天津日报,2020-12-15.

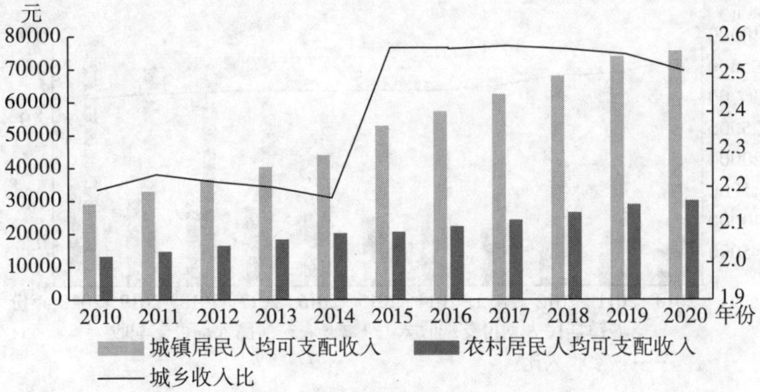

图3-5　2010—2020年北京市城乡居民人均可支配收入及城乡收入比

注：2010—2014年农村居民人均可支配收入数据无法获得，由农村居民人均纯收入代替。

资料来源：笔者根据《北京统计年鉴》（2011—2021）数据计算得出。

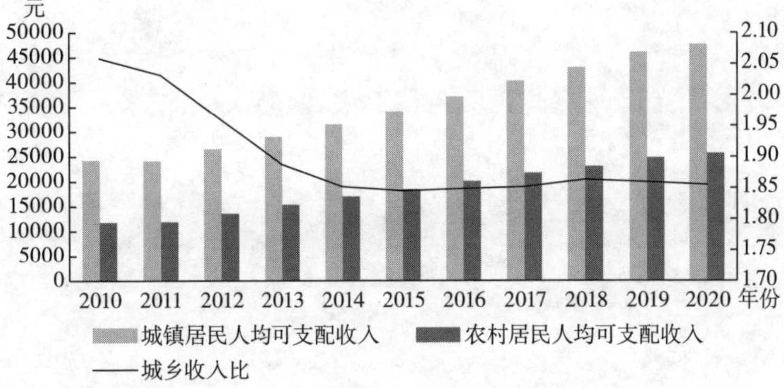

图3-6　2010—2020年天津市城乡居民人均可支配收入及城乡收入比

资料来源：笔者根据《天津统计年鉴》（2011—2020）、《2020年天津市国民经济和社会发展统计公报》数据计算得出。

如图3-7所示，2010—2020年，河北省城镇居民人均可支配收入增长了129%，达到37286元。农村居民人均可支配收入的增长速度高于城镇，2010—2020年增长了176%，其中2020年达到16467元。河北省城乡收入差距小幅缩小，城乡收入比由2010年的2.73降至2020年的2.26，其中2020年的城乡收入差距约为21000元。

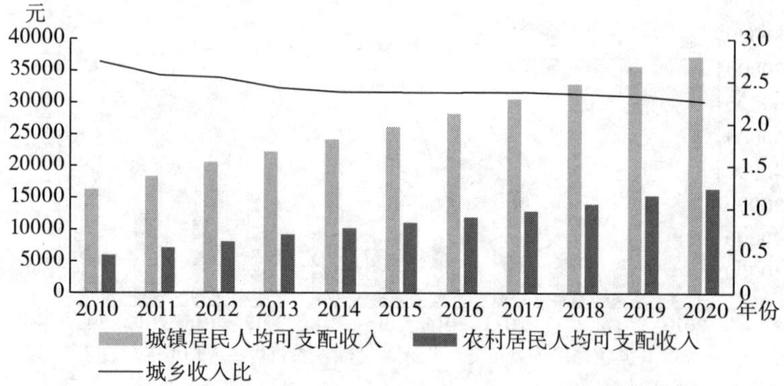

图3-7 2010—2020年河北省城乡居民人均可支配收入及城乡收入比

注：2011年农村居民人均可支配收入数据无法获得，由农村居民人均纯收入代替。

资料来源：笔者根据《河北经济年鉴》（2011—2019）、《河北统计年鉴》（2020）、《河北省2020年国民经济和社会发展统计公报》数据计算得出。

4　基于“三生空间”融合视角的京津冀城市群新型城镇化质量时空格局演变分析

4.1　研究方法

本书采用熵值法对京津冀城市群新型城镇化质量进行评价。熵值法是构建指标体系的常用方法，其根据指标所能提供的有效信息量的大小，确定指标权重，客观反映该指标在指标体系中的重要程度，即指标的信息熵越大，则其权重越大；反之则越小。本书的具体计算步骤如下：

第一，由于数据量纲不同、数量级差别较大，本书需要对数据进行标准化处理。此处采用极差变换法，利用式（4-1）和式（4-2），对正向指标和负向指标分别进行标准化处理。

若 x_{ij} 为正向指标，则

$$\overline{x_{ij}} = \frac{x_{ij} - \min\{x_{ij},\cdots,x_{nj}\}}{\max\{x_{ij},\cdots,x_{nj}\} - \min\{x_{ij},\cdots,x_{nj}\}} \tag{4-1}$$

若 x_{ij} 为负向指标，则

$$\overline{x_{ij}} = \frac{\max\{x_{ij},\cdots,x_{nj}\} - x_{ij}}{\max\{x_{ij},\cdots,x_{nj}\} - \min\{x_{ij},\cdots,x_{nj}\}} \tag{4-2}$$

式（4-1）和式（4-2）中，$\overline{x_{ij}}$ 表示消除量纲后的指标值；x_{ij} 表示样本 i 评价指标 j 的取值；n 为样本数量。

第二，计算去量纲后的指标值 $\overline{x_{ij}}$ 在第 j 项评价指标中所占的比重。

$$p_{ij} = \frac{\overline{x_{ij}}}{\sum_{i=1}^{n} \overline{x_{ij}}} \tag{4-3}$$

式（4－3）中，p_{ij} 表示 $\overline{x_{ij}}$ 在第 j 项评价指标中的比重。

第三，计算信息熵值。

$$e_j = -k \sum_{i=1}^{n} p_{ij} \ln p_{ij} \tag{4-4}$$

式（4－4）中，k 为常数，与系统的待评项目有关。若系统完全无序，那么其意味着信息分布均匀，即 $p_{ij} = \frac{1}{n}$，此时有序度为0，熵值 e_j 最大，将 $k = \frac{1}{\ln n}$ 代入式（4－4），得到式（4－5）。

$$e_j = -\frac{1}{\ln n} \sum_{i=1}^{n} p_{ij} \ln p_{ij} \tag{4-5}$$

第四，计算指标权重。

$$w_j = \frac{1 - e_j}{\sum_{j=1}^{m} 1 - e_j} \tag{4-6}$$

式（4－6）中，w_j 为指标 j 的权重，m 为评价指标数量。

第五，计算综合评价值。

$$z_i = \sum_{j=1}^{m} w_j \overline{x_{ij}} \tag{4-7}$$

式（4－7）中，z_i 表示样本 i 的综合评价值。

本书结合天津市及京津冀城市群其他城市的发展实际，根据新型城镇化质量测算结果，将新型城镇化质量分为 4 个等级，具体内容见表 4－1。

表 4－1　基于“三生空间”融合发展理念的新型城镇化质量等级及相应得分区间

得分区间	新型城镇化质量等级
[0,0.25)	低
[0.25,0.50)	较低

续表

得分区间	新型城镇化质量等级
[0.50,0.75)	较高
[0.75,1]	高

4.2 新型城镇化质量评价指标体系构建及测算结果分析

4.2.1 指标体系构建

为了全面、客观地反映“三生空间”融合发展理念下的京津冀城市群新型城镇化质量，本书设定生产空间、生活空间、生态空间3个一级指标，设定生产投入、效益产出、产业结构等9个二级指标，设定人均固定资产投资、外商直接投资占GDP比重、财政收入占GDP比重等18个三级指标，构建新型城镇化评价指标体系。其中人口密度、普通学校生师比为负向指标，其余均为正向指标，评价指标体系见表4-2。考虑数据的可获得性和各市土地面积、空间容量的可比性，本书将京津冀城市群（北京市、天津市和河北省的11个地级市）新型城镇化质量作为研究对象，测算这13个城市2005年、2010年、2015年和2018年的新型城镇化质量、协调度及各城市“三生空间”的耦合度、协调发展度。本书数据来自2006年、2011年、2016年、2019年的《中国城市统计年鉴》《北京统计年鉴》《天津统计年鉴》《河北经济年鉴》相关内容。

表4-2 基于“三生空间”融合视角的京津冀城市群新型城镇化评价指标体系

一级指标	二级指标	三级指标	指标方向
生产空间	生产投入	人均固定资产投资（元）	+
		外商直接投资占GDP比重（%）	+
	效益产出	财政收入占GDP比重（%）	+
		规模以上工业企业平均利润（亿元）	+
	产业结构	第三产业占GDP比重（%）	+
	经济活力	人均社会消费品零售总额（元）	+

续表

一级指标	二级指标	三级指标	指标方向
生活空间	生活舒适度	人口密度（人/平方米）	-
		人均可支配收入（元）	+
		人均消费（元）	+
	生活便捷度	城镇人均道路面积（平方米）	+
		城镇网络普及率（户/百人）	+
		移动电话普及率（户/百人）	+
	文化医疗保障度	普通学校生师比（%）	-
		人均公共图书馆藏书量（册）	+
		每万人医院床位数（张）	+
生态空间	生态保障	建成区绿化覆盖率（%）	+
	环境保护	城镇污水处理率（%）	+
		工业固体废物综合利用率（%）	+

注：“+”代表正向指标，“-”代表负向指标。

4.2.2 测算结果分析

第一，综合得分。

2005—2018年，13个城市的新型城镇化质量平均综合得分由2005年的0.272提高到2018年的0.294。如图4-1所示，除承德外，京津冀城市群各城市的新型城镇化质量总体稳定，多数城市呈上升态势，其中得分增长最明显的3个城市分别是沧州、唐山和廊坊，增长幅度分别达到64.03%、52.65%和29.1%。

京津冀13个城市新型城镇化差异明显，发展不平衡。北京得分最高，2005年、2010年、2015年、2018年4个年度的得分均在0.800以上，综合得分平均值为0.830，比位居第2的天津高出0.300左右；天津新型城镇化综合得分位居第2，4个年度的得分平均值为0.545；在河北省的11个地级市中，秦皇岛综合得分较高，2018年的综合得分为0.324，位居京津冀13个城市第3；邢台4个年度综合得分的平均值仅为0.121，在京津冀城市群排名最后，仅为北京综合得分的1/7、天津的1/4。在本书考察的年份里，城市间的新型城镇化差距巨大，两极分化问题没能得到有效解决。北京、天津等优势城市对周边城市的引领、带动作用不足。为了获得更多机会和收益，生产要素仍聚集在大城市、特大城市，这进一步导致京津冀城市群生产空间发展的不平衡问题。

天津虽然位居第2，但需要注意的是，2018年其城镇化质量综合得分出现下降，与2015年相比下降了11.59%。从“三生空间”一级指标具体得分来看，其下降的主要原因是生产空间得分出现大幅度下滑。当前，天津经济转型正处于攻坚克难的关键时期，加速培育新产业新业态、壮大新动能是天津实现高质量发展的重要支撑。截至2018年底，保定的新型城镇化质量处于较低水平，2018年的指标值为0.137，但随着雄安新区建设的不断深入与推进，其未来将大幅度推动保定新型城镇化的发展。

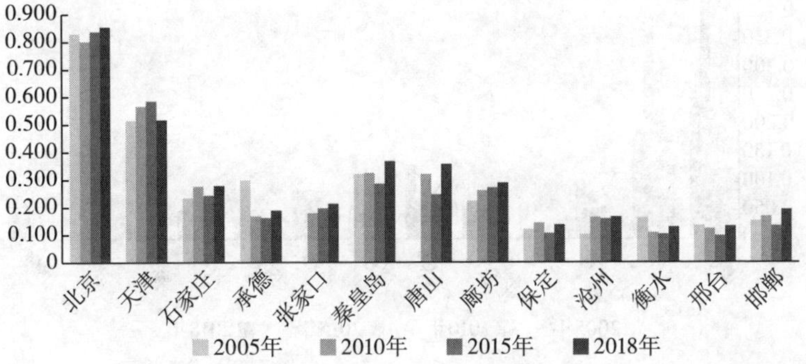

图4-1 2005年、2010年、2015年、2018年京津冀城市群新型城镇化质量综合得分

资料来源：笔者根据测算结果绘制得出。

第二，生产空间得分。

如图4-2所示，北京、天津的生产空间得分远高于河北的11个地级市，优势明显，但在2018年均出现下滑，分别从2015年的0.434和0.392下降至2018年的0.269和0.194。天津的生产空间得分下降幅度达到50.42%，其主要原因是天津近年来处于产业结构调整关键期，经济发展放缓，2018年的财政收入为2106亿元，与2015年相比下降了

21.03%；规模以上工业企业平均利润由2015年的4021万元降至2018年的2844万元，减少了29.27%；外商直接投资占GDP的比重由2015年的7.84%降至2018年的2.45%。上述指标的下降导致了天津生产空间得分的下滑。唐山、邯郸、沧州3个城市的生产空间得分显著提升，其中，唐山增长最快，增长率达到121.94%。石家庄作为省会城市，发展较慢，与北京、天津及河北沿海城市相比还存在一定差距。承德生产空间得分出现严重下降，与2005年相比，2018年的降幅达到57.19%。衡水生产空间得分低且呈现明显的下降趋势，2018年的得分仅为0.029。从基础数据来看，其主要问题在于衡水的工业企业平均利润低，盈利能力弱，2018年仅为690.84万元，远低于河北11个城市工业企业平均利润的均值（1682.31万元）。

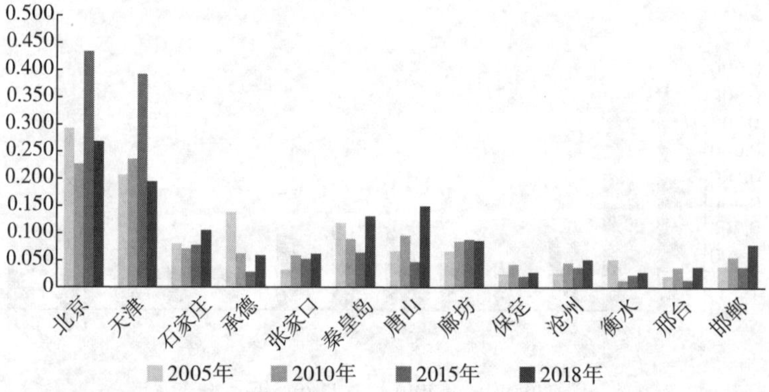

图4-2 2005年、2010年、2015年、2018年京津冀城市群新型城镇化生产空间得分

资料来源：笔者根据测算结果绘制得出。

第三，生活空间得分。

生活空间以为人类提供居住、消费、休闲、娱乐等为主要功能，生活空间的宜居主要通过其安适性、便利性来反映。如图4-3所示，2018年生活空间得分最高的3个城市分别是北京、天津和秦皇岛，其分值分别为0.535、0.303和0.197。生活空间得分增长较为明显的城市是秦皇岛，与2005年相比，2018年的增长率达到54.57%。廊坊生活

空间得分增长也较快，增长率为26.92%。2015年，北京、天津的生活空间得分明显下降，其主要原因是常住人口的迅速增长与公共服务资源的相对不足。人口增长一方面会带来一定人口红利，另一方面会给公共资源供给带来巨大压力，公共服务设施发展相对滞后，导致资源相对紧张、交通拥挤、公共服务不足等问题比较突出。2018年，随着公共服务、收入水平的提高，北京、天津的生活空间得到改善，得分也会提高。2018年，邢台生活空间得分最低，仅为0.050，其主要原因是邢台经济发展缓慢，体现人民生活水平的重要指标如人均可支配收入、人均消费在13个城市中处于较低水平，其中2018年人均消费支出仅为1.30万元，在13个城市中排名最后，人均可支配收入为2.01万元，位居倒数第2。邢台在经济发展缓慢的同时，公共服务发展水平也较低，邢台的城镇网络普及率为每百人25户，位居倒数第2，移动电话普及率为每百人91户，位居倒数第1，其余反映公共卫生、文化生活的指标在13个城市中均处于较低位次。

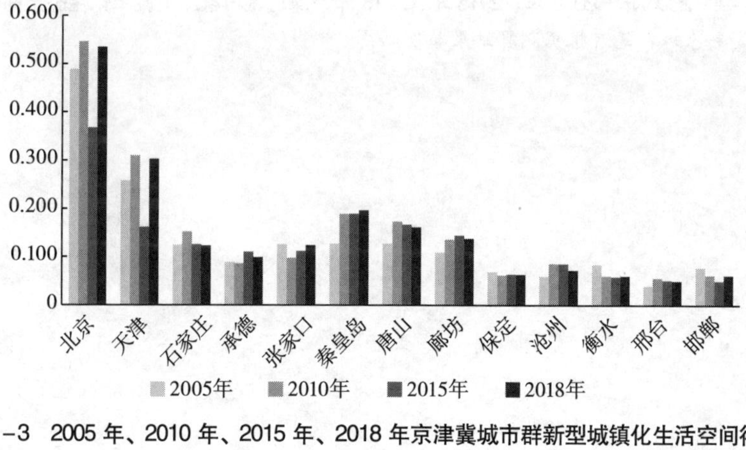

图4－3　2005年、2010年、2015年、2018年京津冀城市群新型城镇化生活空间得分

资料来源：笔者根据测算结果绘制得出。

第四，生态空间得分。

从生态空间得分来看，如图4－4所示，13个城市的排序与生产空间、生活空间完全不同。4个考察年度的生态空间得分均值最高的城市为秦皇岛，其次为廊坊，而天津处于最后一位，其中，2018 年天津的得分仅为 0.019。天津得分较低的原因主要是天津的建成区绿化覆盖率较低，2018 年为 38.03%，在 13 个城市中居最后一位。从增长率来看，2015 年、2018 年，沧州、石家庄和保定的生态空间得分均实现快速增长。沧州因其基数小，增长率高达 180.19%。天津、承德、张家口出现较大幅度的下降。

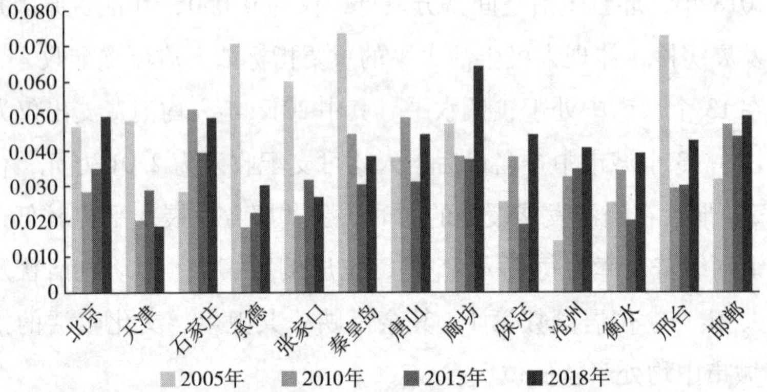

图 4-4　2005 年、2010 年、2015 年、2018 年京津冀城市群新型城镇化生态空间得分

资料来源：笔者根据测算结果整理而得。

5 基于“三生空间”融合视角的京津冀城市群新型城镇化耦合关系与协调发展水平分析

5.1 研究方法

5.1.1 耦合度

本书借助物理学中的容量耦合系数模型，并结合统计学中的变异系数，构建耦合度模型。

$$C = \left[\frac{\prod_{i=1}^{\sigma} U_i}{(\frac{1}{\sigma}\sum_{i=1}^{\sigma} U_i)^{\sigma}} \right]^{\frac{1}{\sigma}} \tag{5-1}$$

式（5－1）中，σ 为子系统数量；U_i 为子系统得分。耦合度 C 值介于0到1，C 值越接近1，子系统间的离散程度就越小，耦合度也越高；C 值越接近0，子系统间的离散程度就越高，耦合度越低。

本书借鉴方创琳等（2019）的研究，依据子系统间耦合度的大小，将耦合关系划分为从随机耦合到控制耦合的6种类型，并形成子系统间耦合塔（见表5－1、图5－1）。

表5－1　子系统的耦合关系

耦合关系	耦合度	耦合度强弱	关联关系	在耦合塔中的位置
随机耦合	[0，0.1)	低度耦合	最弱，互不干扰	最低端
间接耦合	[0.1，0.3)	较低耦合	较弱，通过间接关系发生作用	较低位置
松散耦合	[0.3，0.5)	中度耦合	一般	中间位置

续表

耦合关系	耦合度	耦合度强弱	关联关系	在耦合塔中的位置
协同耦合	[0.5，0.7)	较高耦合	较大，需要相互协作发挥作用	较高位置
紧密耦合	[0.7，0.9)	高度耦合	很大，需要相互高度配合发挥作用	顶端偏下
控制耦合	[0.9，1]	完全耦合	最大，任一个系统内部变化均强烈影响另一个系统运行	顶端

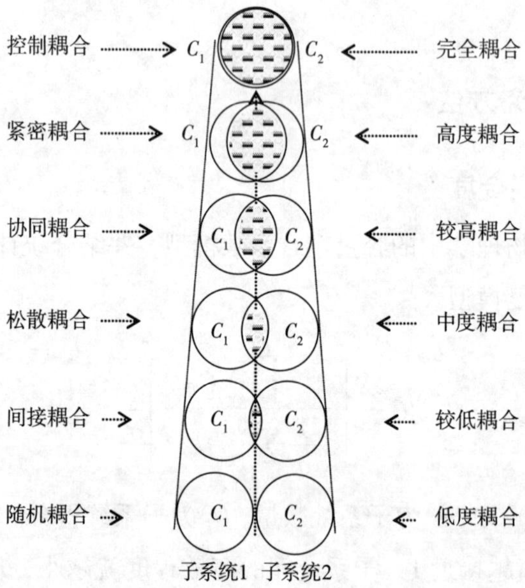

图 5－1 耦合塔

注：C_1和C_2分别代表子系统1和子系统2。

5.1.2 协调发展度

耦合度并不能全面反映子系统间的协调情况，因此，本书进一步将协调发展度纳入模型，以此综合反映子系统间的协调发展程度。协调发展度计算公式如下：

$$D = \sqrt{CT} \tag{5-2}$$

其中，$T = \sum_{i=1}^{\sigma} \alpha_i U_i$。

式（5－2）中，D 为协调发展度；T 为 σ 个子系统得分 U_i 的加权平均值；α_i 为第 σ 个子系统的权重，$\sum_{i=1}^{\sigma} \alpha_i = 1$。本书中有3个子系统，即生产空间、生活空间、生态空间，所以 $\sigma = 3$。基于“三生空间”融合发展的理念，本书认为，生产空间、生活空间、生态空间对新型城镇化的发展同等重要，因此 $\alpha_1 = \alpha_2 = \alpha_3 = \frac{1}{3}$。

借鉴王淑佳等（2018）、丁慧媛（2019）等已有研究成果，结合天津市及京津冀城市群其他城市的实际，本书将协调发展度划分为3个类型、10个等级，具体内容见表5－2。

表5－2 新型城镇化协调发展的类型、等级及区间

协调发展类型	协调等级	协调发展度区间
失调类	极度失调	[0,0.1)
	严重失调	[0.1,0.2)
	中度失调	[0.2,0.3)
	轻度失调	[0.3,0.4)
过渡类	濒临失调	[0.4,0.5)
	勉强协调	[0.5,0.6)
协调类	初级协调	[0.6,0.7)
	中级协调	[0.7,0.8)
	良好协调	[0.8,0.9)
	优质协调	[0.9,1.0]

5.2 京津冀各城市内部“三生空间”耦合关系与协调发展水平分析

5.2.1 “三生空间”耦合关系分析

方创琳等（2019）研究发现，城镇化与生态环境耦合的最优图谱是“S”形曲线图谱。本书借鉴上述研究，得出“生产空间—生活空间—生态空间”耦合的最优图谱（见图5－2）。将“S”形曲线图谱放大到模块层面，可以得到以“S”形曲线为耦合边界，分别形成的生产空间圈、生活空间圈、生态空间圈，三大圈层相互融合，成为一个有机共同体。人口、水和土地作为三个圈层必需的关键要素模块，位于耦合边界中间地带。

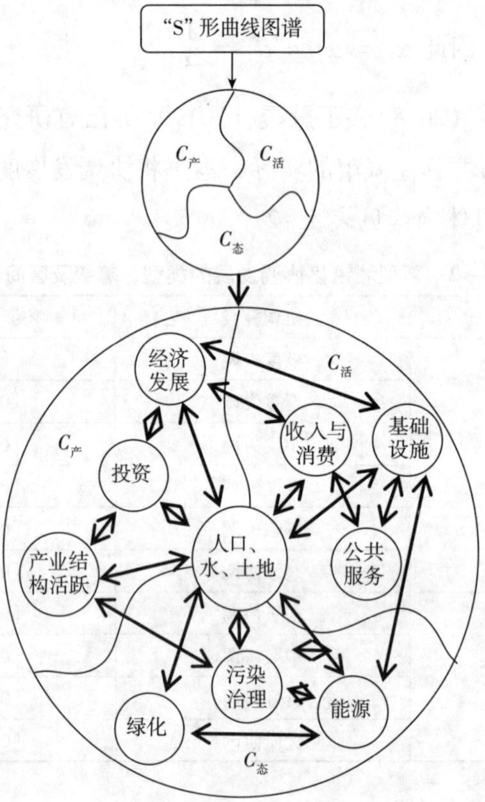

图 5-2 生产空间圈、生活空间圈、生态空间圈耦合图谱

注：$C_{产}$、$C_{活}$、$C_{态}$分别代表生产空间圈、生活空间圈、生态空间圈。

不同时间、单个城市的三个圈层动态耦合表现为不同时间节点内京津冀城市群内单一城市各种要素实现的代际优化配置，“三生空间”实现代际良性改善，最终实现不同时间内的动态耦合，具体测算结果见图 5-3。2005 年、2010 年、2015 年、2018 年的 4 个考察年度里，京津冀 13 个城市中，北京和天津的生产空间、生活空间、生态空间耦合度相对较低，4 个考察年度的均值分别为 0. 644 和 0. 701，分别为协同耦合关系和紧密耦合关系，位于耦合塔的较高位置和顶端偏下位置。其余城市的耦合度较高。从 2018 年的耦合度结果来看，张家口、秦皇岛、唐山“三生空间”的耦合度介于 0. 800 ~ 0. 900，为紧密耦合关系，生产空间、生活空间、生态空间关联度很大，需要相互高度配合发挥作用，位于耦合塔顶端偏下位置。石家庄、承德、廊坊等 8 个城市的耦合度介于 0. 900 ~ 1. 000，为控制耦合关系，位于耦合塔顶端，任意一个系统内部的变化都会强烈影响另一个系统的运行。

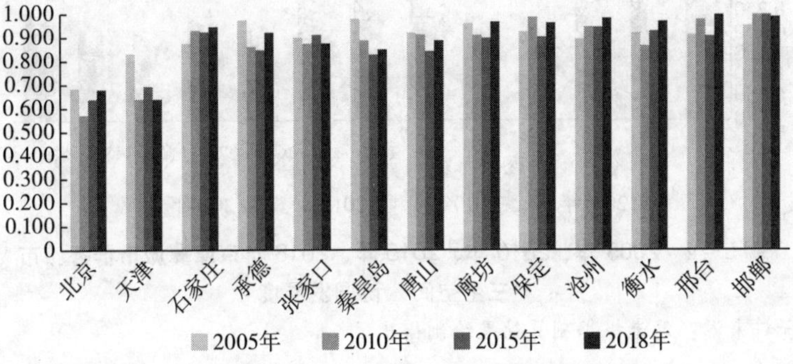

图 5 - 3　2005 年、2010 年、2015 年、2018 年京津冀城市群各城市的“三生空间”耦合度

资料来源：笔者根据测算结果绘制得出。

5. 2. 2　“三生空间”协调发展水平分析

高耦合度仅代表三者的密切相关度，并不等同于高协调水平。如图 5 - 4 所示，京津冀 13 个城市中，北京协调发展程度最高，4 个年度的平均值为 0. 422。根据协调发展度测算结果，结合表 5 - 2，本书可得出各城市的“三生空间”协调发展类型。从协调发展类型来看，北京早在 2005 年就进入“三生空间”协调发展阶段，领先于京津冀其他城市，但其“三生空间”的协调发展遇到了瓶颈，截至 2018 年，其并没有向更高层次的协调发展迈进。天津、秦皇岛分别位列第 2 和第 3，其“三生空间”协调发展度 4 个年度的平均值分别为 0. 356 和 0. 309，4 个年度里均处于轻度失调等级，且协调发展度均呈小幅下降态势，分别由

2005年的0.377和0.323降至2018年的0.332和0.322。石家庄“三生空间”的协调发展度显著提升，2018年达到0.296。衡水和邢台“三生空间”协调发展度较低，2010年、2015年均处于重度失调等级，2018年仅分别为0.204和0.210。另一个协调发展度较低的城市是保定，2018年其协调发展度仅为0.210。以上研究结果表明，京津冀城市群新型城镇化进程中“三生空间”的协调发展还有巨大的提升空间。

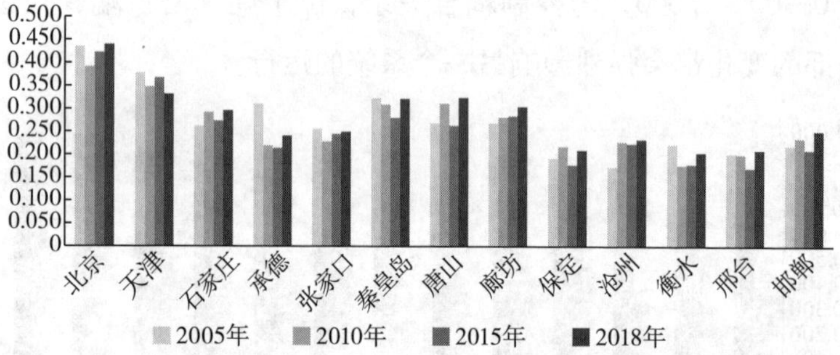

图5-4 2005年、2010年、2015年、2018年京津冀城市群各城市“三生空间”协调发展度

资料来源：笔者根据测算结果绘制得出。

5.3 京津冀城市间新型城镇化耦合关系与协调发展水平分析

5.3.1 京津冀城市间新型城镇化耦合关系分析

城市间的耦合关系表现为通过城市群内各种资源配置和优化，区域产业结构互补互促、基础设施和公共服务共建共享，整个区域生态环境实现良性改善，最终实现某时间点上的静态耦合和不同时间点上的动态耦合。同一时间点上多城市、多要素的静态耦合调控关系见图5-5。

为了分析京津冀城市群多城市、多要素的耦合调控关系，本书测算了北京、天津、石家庄与京津冀城市群其他城市的耦合度。如表5-3所示，从测算结果来看，北京与天津、秦皇岛、唐山的耦合度大于

0.900，耦合关系为控制耦合关系，这说明北京与这3个城市的关系为完全密切关系，北京的经济、社会、生态发生变化会高度影响另外3个城市的运行。天津与石家庄、张家口、秦皇岛、唐山、廊坊的耦合关系，以及石家庄与河北省内其他地级市的耦合关系同样属于这一类型。

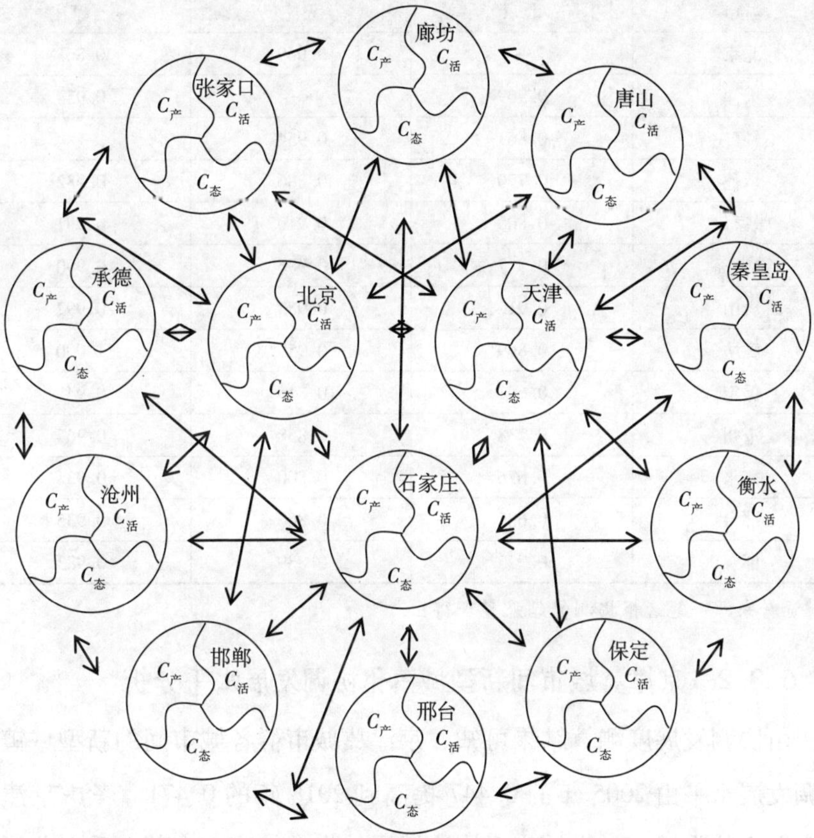

图5-5　同一时间点上多城市、多要素的静态耦合调控关系

注：$C_产$、$C_活$、$C_态$ 分别代表生产空间圈、生活空间圈、生态空间圈。

北京与石家庄、承德、张家口、廊坊、沧州、邯郸之间的耦合度介于0.700~0.900，耦合关系为紧密耦合关系，这表明北京与这6个城市的关系为高度密切关系，北京新型城镇化的发展高度依赖这些城市的配合。天津与承德、保定、沧州、衡水、邢台、邯郸耦合关系同样属于这一类型。北京与保定、衡水、邢台的耦合度介于0.600~0.700，其耦合关系为协同耦合关系，城市的关联性较为密切，这说明北京新型城镇化的发展需要这3个城市的协同配合。

表5-3　2018年京津冀城市群城市间耦合关系测算结果

城市	北京	天津	石家庄
北京	—	0.969	0.861
天津	0.969	—	0.954
石家庄	0.861	0.954	—
承德	0.770	0.886	0.982
张家口	0.800	0.910	0.991
秦皇岛	0.917	0.986	0.990
唐山	0.912	0.983	0.992
廊坊	0.869	0.959	1.000
保定	0.691	0.815	0.941
沧州	0.738	0.858	0.967
衡水	0.676	0.800	0.931
邢台	0.682	0.806	0.935
邯郸	0.775	0.889	0.983

资料来源：笔者根据测算结果整理得出。

5.3.2　京津冀城市间新型城镇化协调发展水平分析

由协调发展度测算结果可知，京津冀城市群各城市间的新型城镇化协调发展水平由2005年的0.447提高到2018年的0.471。考虑京津冀城市群中特大城市、大城市对周边城市的带动效应，本部分重点分析北京、天津、石家庄与周边城市的协调发展水平。北京与其他12个城市的协调发展程度较高，平均值从2005年的0.645提高到2018年的0.666。如图5-6所示，北京与天津的协调发展程度最高，4个考察年度均高于0.800；其他3个与北京协调发展度较高的城市分别是秦皇岛、唐山和廊坊，4个考察年度的协调发展度均在0.650以上，此结果体现了北京—唐山—秦皇岛“走廊”式发展的成果。北京与石家庄协调发展的程度呈现上升态势，2018 年达到 0.698。此外，北京与保定的协调发展度偏低，不足 0.600，尚有巨大潜力待挖掘。

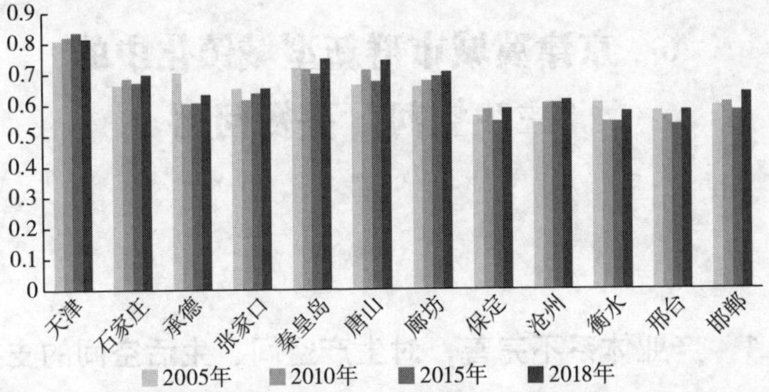

图 5－6　2005 年、2010 年、2015 年、2018 年北京与京津冀城市群内其他城市的新型城镇化协调发展度

资料来源：笔者根据测算结果绘制得出。

天津与北京协调发展程度最高。在河北省各城市中，天津与秦皇岛、唐山、廊坊的协调发展水平较高，除 2005 年外，其协调发展度基本保持在 0.600 以上，但整体上低于北京与这 3 个城市的协调发展度，这说明天津的带动作用没有得到充分显现。天津与保定、邢台的协调发展程度较低，基本保持在 0.500 左右。需要注意的是，天津与承德的协调发展水平变化较大，由 2005 年的 0.625 下降至 2018 年的 0.559。

作为河北省省会，石家庄与河北省内其他地级市的协调发展水平均不高，4 个年度的平均值从 2005 年的 0.457 小幅度提升到 2018 年的 0.489。随着雄安新区的建设和北京相关产业的迁移，保定的新型城镇化发展潜力巨大。石家庄、唐山、保定有望成为京津冀城市群中的“次级中心城市”，沧州、秦皇岛有望成为第三梯队城市，届时京津冀城市群的梯次结构将更加合理。

6　京津冀城市群新型城镇化中的“三生空间”失衡问题

6.1　产业体系不完善，对生产空间、生活空间的支撑力弱

6.1.1　产业链条有待延伸

产业链条短、文化传承功能缺乏、三产融合不足是当前京津冀城市群新型城镇化面临的主要困难。本书调研发现，天津市农产品加工业、食品、纺织品等行业，产学研综合实力不足，企业间缺乏有效沟通和联系，大量中间产品需要外销，原材料或零部件需要从市外进行采购，上中下游协调配合得不紧密，使产业集群效应下降。部分工业园出现闲置、布局杂乱等问题。以张家窝工业园为例，受产业结构调整的影响，金属制品行业呈下降态势，相关企业生产规模缩减，亟待转型升级；尽管该工业园内企业数量持续增加，但企业盈利能力整体较弱。

特色小镇尽管备受重视，但其发展存在内生动力不足。受建设用地指标不足、土地管理僵化、资金和经营经验不足等因素的影响，农业与第二、第三产业的融合发展程度较低。在 2017 年第二批国家级特色小镇的专家评审中，专家组对北京市延庆区康庄镇的评审意见之一为“进一步挖掘、强化镇区特色产业，实现产业与镇区的联动发展”，对河北省邢台市柏乡县龙华镇的评审意见之一为“加强产业研究”，对天津市蓟州区下营镇提出“需加大特色产业对其他产业的带动作用，形成第一、第二、第三产业融合发展的格局，增强内生动力”的评审意

见。15 个特色小镇的评审意见中有 13 个均提到产业发展不足及相关建议。

此外，第一、第二、第三产业融合程度低，产业链条短、消费类型单一，容易导致特色小镇出现淡旺季区别明显、“夜经济”发展滞后、游客停留时间短、人均消费低等问题。还有部分特色小镇的特色不“强”。例如，以文化产业为特色的葛沽民俗文化小镇，工业居主导地位，文化产业发展不足，占全区经济总量的比例极低①。文创产品研发、生产和推广的不足，亟须将文化资源优势转化为经济优势，推动新旧动能转换。部分工业特色小镇，尽管其优势行业产值较高，但产品技术含量不高，产业大而不强。

6.1.2　京津冀第三产业发展差距较大

城镇化水平的提高促使更多农村人口向城市流动，为城镇发展提供更多劳动力。人口集聚在城镇，城镇衣食住行的需求增长，进而促进第三产业发展。同时，第三产业发展对城镇化具有集聚效应，快速发展的第三产业不仅会对经济增长做出巨大贡献，也有利于提高居民生活水平，使居民的生活空间更加舒适，推动城镇化进程。与北京相比，天津和河北第三产业发展程度偏低。2019 年，天津全市第三产业增加值占比平均水平为 63.1%，低于北京 20 个百分点。从各涉农区情况来看，如图 6－1 所示，2019 年北辰区、滨海新区、静海区第三产业增加值占比分别为 53.6%、49.8% 和 47.5%，与全市平均水平相比相差 10 个百分点。北京城六区以外各行政区中门头沟区的第三产业增加值占比为 71.8%，其数值最高，最低的为房山区，其第三产业增加值占比为 54.8%，比天津市第三产业增加值占比最低的静海区高出 7.3 个百分点。河北省第三产业发展水平较低，2019 年河北省各地级市第三产业增加值占比平均值为 51.68%。如图 6－2 所示，唐山、邯郸、承德第三

① 张爱鹏．天津葛沽特色小镇发展研究[J]．美术观察，2018(8)：139－140.

产业增加值占比仅分别为39.9%、45.6%、46.5%。第三产业发展的不足，减慢了新型城镇化的发展速度。

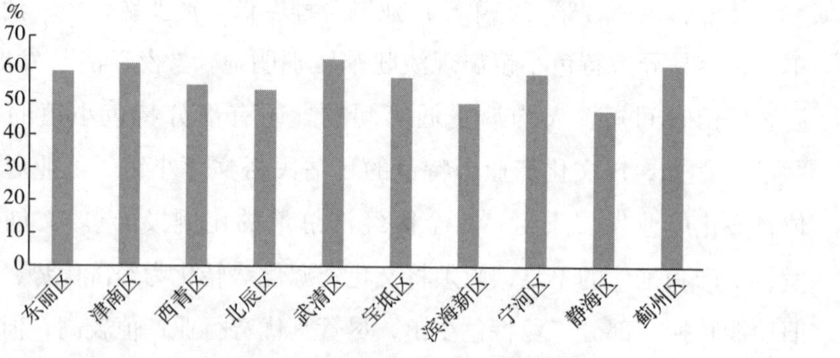

图6-1　2019年天津市各涉农区第三产业增加值占比

资料来源：笔者根据《天津统计年鉴》(2020) 数据绘制得出。

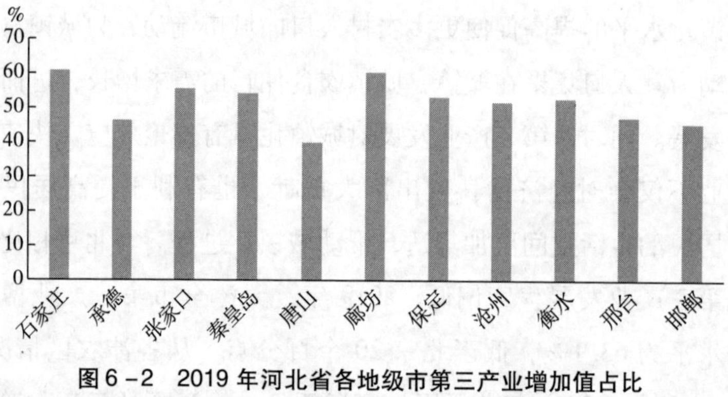

图6-2　2019年河北省各地级市第三产业增加值占比

资料来源：笔者根据《河北统计年鉴》(2020) 数据绘制得出。

第三产业是吸纳就业的天然“蓄水池”，每投资100万元，第三产业就可提供1000个就业岗位，远高于第一产业和第二产业①可提供的就业岗位数量。充分就业是刺激消费、拉动内需的重要因素，因此第三产业的发展在解决就业的同时能有效提高人民收入和消费水平。河北省第三产业发展不足必然导致其吸纳劳动力能力不足。2019年，河北省共

① 高露. 扩大就业要倚重服务业[J]. 金融信息参考,2002(10):47.

有4182万就业人口，仅有1/3的就业人口在第三产业就业，与北京和天津相比差距较大。如图6-3所示，2005年、2010年，北京和天津第三产业吸纳劳动力人数占比出现较大幅度的上涨，之后保持平稳上升，2019年分别达到83.1%和63.1%。而河北第三产业的发展始终乏力，吸纳劳动力人数占比变化不大，2019年仅为34.9%。河北省是我国农民工输出大省，2016年有超过600万农民出省务工，其原因是河北省人口基数大，省内第三产业发展不足，吸纳劳动力数量较少。

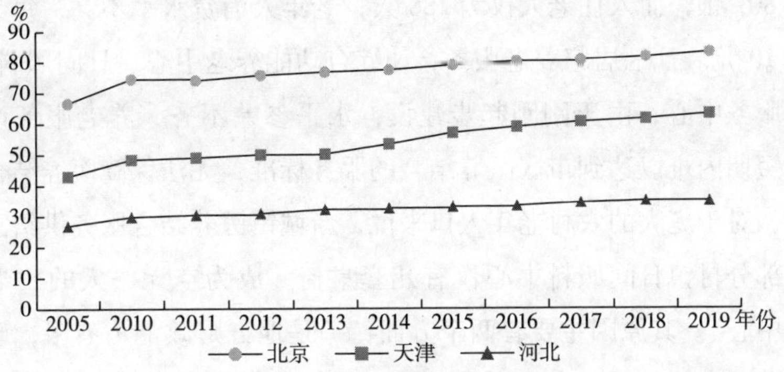

图6-3 2005年及2010—2019年北京、天津、河北第三产业就业人数占比情况

资料来源：笔者根据《河北统计年鉴》（2020）数据绘制得出。

6.2 生活空间对劳动者的吸引力不足

新城镇对生活空间的规划主要以居住小区和商业为主，其能保证居民的居住和日常生活得到基本满足。然而，随着消费升级和“互联网+”的快速发展，传统意义上的居住小区和商业配套已无法满足居民需求。许多新城镇生活空间失去村镇原有风貌，同时文化挖掘和融合的不足，导致新城镇有生活没“味道”；公共服务和环境品质有待提升，社区综合服务中心、幼儿园等设施有待完善。城乡间教育水平存在较大差距，尽管硬件设施差距已经缩小，但农村的教学水平与城市的相比仍存在一定差距；许多镇村图书馆、文化教室等没有真正发挥作用。

从农村老年人的养老问题来看，拥有农村户口的老年人大多没有劳动收入和离退休收入，主要收入来源是低保补助、政府补贴和子女供养等，而失能失智、空巢老人入住养老机构的费用能否纳入社会医疗保险报销范围尚未有定论①②，因此大多数农村老年人负担不起入住养老机构甚至日间照料中心的照护费用，农村养老机构及社区延伸服务的有效需求不足。笔者在区县养老问题实地调研中发现，老年人可承担的配餐价格为每餐5元左右。天津市蓟州区现有16家乡镇敬老院，共有养老床位807张，而入住老人仅为288人；老年人消费水平不高，每天消费不到10元。社区居家养老服务，如综合功能养老中心、日间照料中心、配餐服务中心，由于刚刚起步建设，水平参差不齐、养老服务设施简陋，短期内难以达到市区医养结合的服务标准，无法保障医养结合服务水平，对于庞大的农村老年人口来说，新城镇医养结合服务供给总体不足。部分村镇日间照料中心仅有几套桌椅，成为空无一人的“老年人活动中心”。其原因主要有两个方面，一是地方财政能力有限，政府对农村养老事业的投入相对较少；二是养老事业投资成本高、经营风险大、投资回收期长，除非有政策强有力的支持，否则社会资本参与农村养老服务供给的动力不足。

镇村卫生院、社区卫生服务站亟须在医疗设备、医师水平等方面进行完善。如图6-4所示，从每千人卫生机构床位数来看，10个涉农区中仅有津南区和北辰区高于全市平均水平（3.91），其他涉农区收治患者的能力普遍低于市区平均水平。环城四区距离市区近、交通便利，居民就医相对比较方便，而较远地区更加依赖本区的医疗服务机构，但这些地区收治患者的能力相对较弱，医疗资源相对不足，如蓟州区每千人卫生机构床位数仅为2.22张。

---

① 胡宗萍，吕登智．失能失智老年人医养结合模式探索[J]．检验医学与临床，2018，15(23)：3633-3635.

② 谈在祥，丁甜甜．乡村振兴背景下农村医养结合养老中存在的问题与对策[J]．卫生软科学，2020(3)：19-22.

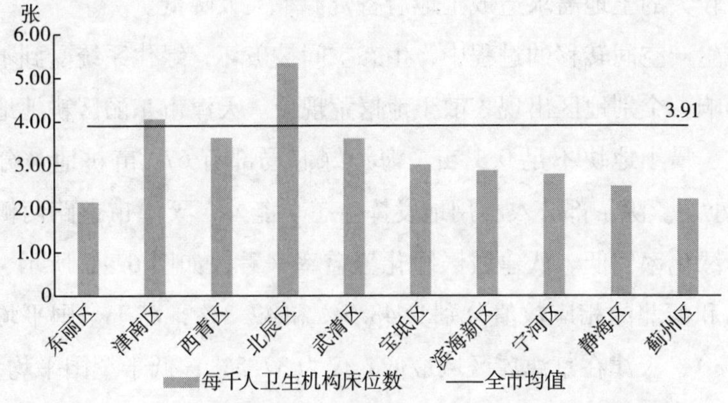

图6－4　2019年天津市10个涉农区每千人卫生机构床位数量

资料来源：笔者根据《天津统计年鉴》(2020) 数据测算绘制得出。

6.3　生态空间受生产空间和生活空间挤压

生态空间是生产空间、生活空间的基础，缺少了生态空间，生产空间、生活空间就会成为无源之水、无本之木。城镇化的快速发展，导致城市建成区扩张，景观格局发生变化，从而致使大气环境污染、生态系统功能下降等问题。个别特色小镇出现房地产化现象，对生产空间造成冲击。北京市怀柔区雁栖镇镇区房地产项目占比偏高，河北省邯郸市肥乡区天台山镇养生养老产业发展中出现房地产化倾向。2009—2019年，天津市耕地大幅度下降，由670.7万亩降至494.34万亩，下降了26.29%；城镇村及工矿用地与交通运输用地增加，二者数量之和从519.0万亩增加到566.31万亩①。河北与天津情况类似，2009—2019年耕地数量下降了8.03%，降至9051.26万亩；城镇村及工矿用地与交通运输用地增长了17.02%，增至3765.07万亩②。在土地资源有限的情

① 2009年和2019年的数据分别来自《关于天津第二次土地调查主要数据成果的公报》《天津市第三次国土调查主要数据公报》。

② 2009年和2019年的数据分别来自《关于河北省第二次土地调查主要数据成果的公报》《河北省第三次全国国土调查主要数据公报》。

况下，较大的土地需求造成土地后备资源率大大降低。

在生产空间转移的过程中，生态空间被破坏，绿化系统受到不同程度的影响。个别地区出现零散土地撂荒现象。天津市东丽区耕地地块分布零散，最小地块不足 0.1 亩。海河绿芯局部有 670 亩耕地被分割为 114 个小块。除了部分农林用地发挥生态功能外，天津市道路两侧和河渠两岸绿化率偏低。从建城区绿化覆盖率来看，如图 6－5 所示，2019 年北京和河北的相应数值分别为 48.5% 和 42.3%，高于全国平均水平（41.5%），天津在京津冀区域最低，仅为 37.5%，低于全国平均水平；从人均公园面积来看，2019 年天津为 9.21 平方米，低于北京和河北的相应数值。生态空间的功能与形式较为单一，导致水土涵养功能大大减弱。

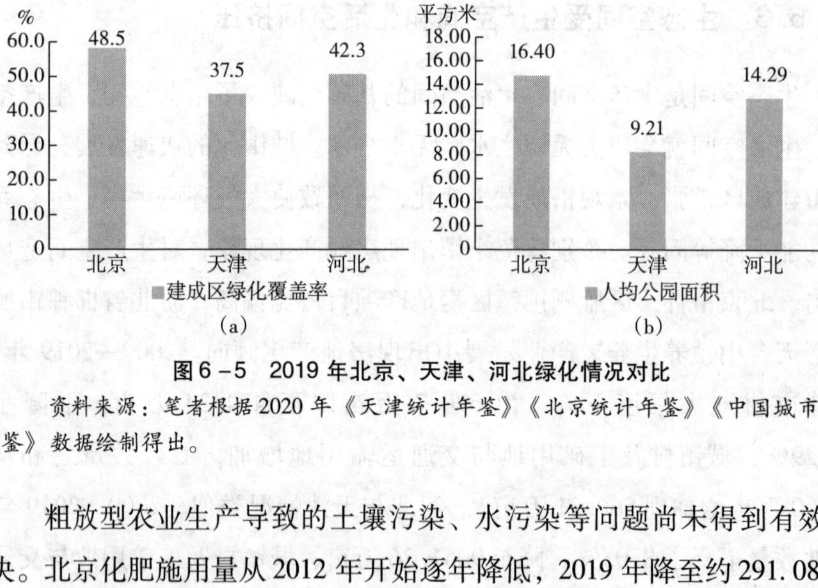

图 6－5　2019 年北京、天津、河北绿化情况对比

资料来源：笔者根据 2020 年《天津统计年鉴》《北京统计年鉴》《中国城市年鉴》数据绘制得出。

粗放型农业生产导致的土壤污染、水污染等问题尚未得到有效解决。北京化肥施用量从 2012 年开始逐年降低，2019 年降至约 291.08 千克/公顷[①]。2014 年开始，天津市耕地化肥施用量出现一定程度的下降，2020 年降至 429.86 千克/公顷。北京和天津化肥施用量均高于世界平

① 2019 年北京年末实有耕地面积数据未公布，本书以 2018 年数据代替。年末实有耕地面积、化肥施用量（折纯）数据来自 2019—2021 年《北京统计年鉴》《天津统计年鉴》。

均水平（2019 年为 136.29 千克/公顷），分别约为美国的 2.3 倍和 3.5 倍、日本的 1.3 倍和 1.9 倍[①]。2019 年，天津市五等及以下耕地占比近 50%，集中于滨海新区、静海区和津南区。2019 年，天津市耕地农药使用量为 6.12 千克/公顷，高于世界平均水平（2.69 千克/公顷），是美国的 2.45 倍[②]。耕地土壤有效磷含量较高，城郊农田土壤镉金属污染超标情况较多见，个别农田铅金属超标。潮白河、永定河、蓟运河、大清河、北运河五大水系Ⅳ～Ⅴ类和劣Ⅴ类水质河长占监测总长度的 36.2%，其中大清河系劣Ⅴ类水质占比较高，蓟运河系Ⅴ类水质占比较高。北京监测的湖泊中，Ⅳ～Ⅴ类水质湖泊面积占监测水面总面积的 84.6%，劣Ⅴ类水质占比 2.8%，二者之和占比达到 87.4%；主要污染指标为总磷、化学需氧量和生化需氧量。部分村庄的河流、沟渠仍然是水环境治理的重中之重。

个别工业镇存在一定的环境污染隐患。天津市北辰区淮河道天津农药股份有限公司周边已开发建成多个居住小区，但该区域农药味道重，影响了周边居民生活。该药厂尽管已于 2000 年停产，但停产后部分区域农药异味依然十分强烈，特别是在气压较低、静稳天气等不利于污染物扩散的气象条件下，厂院周边的异味更为明显。在完成前期大量研究、论证的基础上，天津农药股份有限公司成立了天农地块修复项目部，并于 2019 年初启动了地块污染治理修复项目。但直到 2020 年末，该区域仍有非常刺鼻的农药味道。这一问题得到天津市政府、北辰区政府的高度重视，但需要反思的是，该区域在城镇化进程中，生产空间严重侵占了生活空间、生态空间，影响了居民生活，破坏了生态环境，前期规划阶段就应采取措施，合理规划空间布局，杜绝发生类似问题。

---

① 2019 年耕地化肥施用量世界平均水平数据来自联合国粮食及农业组织数据库。联合国粮食及农业组织数据库显示，2019 年美国和日本耕地化肥施用量分别为 124.2 千克/公顷和 222.3 千克/公顷。

② 联合国粮食及农业组织数据库显示，2019 年美国耕地农药使用量为 2.5 千克/公顷。

7 发达国家和地区城镇化的主要做法与经验借鉴

7.1 日本的城镇化建设

7.1.1 日本的城镇化建设历程

日本的城镇化建设开始于明治维新时期，但到1940年，与同时期欧美工业国家相比，日本的城镇化水平仍然落后。"二战"期间，日本经济受到重创，城市化发展缓慢。"二战"结束后，在新技术革命的推动下，日本经济高速发展，人口向大城市聚集的步伐加快。到了1975年，日本城市化经历了30年的粗放式发展，交通拥挤、大城市环境污染等问题日益严重，房价、房租居高不下。为了解决这些问题，日本开始实施以"疏散首都圈功能"为核心的计划。1991年，日本经济泡沫破裂，对日本的城市化进程造成重创。进入21世纪，日本核心城市的核心区域出现了人口负增长、产能和活力不足的问题。因此，日本政府提出了新的政策措施，如放宽住房贷款政策、增加限定区域建筑的容积率等，从而引导人口向核心城市、核心区域转移。当前，日本城市化进程进入了对城市进行"精雕细琢"、创造新的经济增长点的阶段。

7.1.2 日本的城镇化建设经验

（1）创建以"都市圈"和"城市带"为主的空间模式。大都市圈是日本城镇化发展的主要模式。日本在城镇化进程中形成了三大都市圈，分别为东京都市圈、大阪都市圈和名古屋都市圈，这三大都市圈充分发挥中心城市的综合功能，推进产业结构的转移，促进城乡协调发展。此外，日本非常重视中小城镇的建设，为促进大小城市协同发展，日本将小城镇纳入大都市圈整备计划，根据小城镇的特有优势，建设工业园区、高新技术产业园区，壮大产业优势，活跃经济。大都市圈发挥区域带动作用，推动中小城镇经济发展，这使城镇与乡村差距逐渐缩小，乡村基础设施与公共服务体系日益完善，乡村生活空间布局更加合理，进而促进城乡均衡发展。

（2）城镇化与工业化、农业现代化同步发展。20 世纪 60 年代，随着工业化的高速发展，城市人口密集、环境被破坏等问题日益严重。日本政府加大对农村的公共基础设施的建设力度，加之政策的引导，城市中的许多工业企业逐渐向乡村地区转移，在农村地区创造大量的就业岗位，使得农民在家园附近实现就业，降低了城镇化的成本。在工业向乡村转移的过程中，乡村地区形成工业体系并不断完善，就业结构和就业形态逐渐发生改变，促进了日本中小城市与农村的协同发展。在此过程中，土地、劳动力、资本等要素流动与城镇化发展相互促进，推动了生产空间的集约高效，强化了产业间的联系，真正实现了城乡一体化。日本作为法制化程度较高的国家，政府制定了一系列相关法律，确保其城镇化有条不紊地进行，为城镇化建设提供了法律支持。

政府针对经济萧条开展了“魅力乡村建设”运动。前两次农业现代化的基本实现，为第二产业、第三产业的发展期提供了劳动力。发端于“造町运动”的第三次“魅力乡村建设”充分挖掘地方特色，实现农业产业价值链的延伸，从而促进乡村振兴。“造町运动”以振兴农村经济为目标，立足乡村，自下而上，其中，1979 年开始推进的“一村一品”运动影响广泛且深远。“一村一品”运动在政府指导下，依托本地特色资源，开发地方特色产品（包括特色农产品、特色旅游等），打造品牌，形成优势产业，提高农民收入。自 20 世纪 90 年代开始，日本乡村振兴逐步向生态环境保护和乡村可持续发展转变。通过挖掘农村传统文化，日本将文化传承与文化发展相结合，推动乡村生态景观的建设，提升了农业以及乡村发展的多元价值，延伸了乡村文化价值链。

（3）注重文化环境保护与新技术研发应用。随着工业化和城市化进程的加快，乡村中很多历史建筑遭受破坏，使乡村文化难以传承。20世纪60年代，日本开始了保护乡村建筑和文化的造乡运动、造街运动，有效地保护了古建筑、古村落和街道等，使乡村文化、人文精神更好地得到传承，提升了农业和农村的价值，保留了山清水秀的生态空间。此外，日本十分注重高新技术的发展和引进，高效的防灾信息系统、发达的智慧交通系统、先进的物流信息系统推动了农业和工业的机械化、智能化发展以及智慧城市建设。

7.2 美国的城镇化建设

7.2.1 美国的城镇化建设历程

美国的城镇化进程开始于20世纪20年代，发展较为迅速。截至20世纪60年代，美国的城镇化任务基本完成。美国的城镇化发展进程打破地域界限，通过资源开发利用、产业布局、环保等实现区域间协调统筹安排，重点推进发展“大都市圈”和“城市带”，如纽约大都市圈、芝加哥大都市圈等。通过充分发挥大中城市的辐射带动作用，美国打造了以大城市群为主体的多层次城镇体系。

1960年，美国推行“示范城市”试验计划，目的是对大城市的人口进行分流以推动中小城镇的发展。美国政府非常重视对小城镇建设个性化及特色功能的打造，充分考虑地区特点和区位优势，注重环境保护和休闲旅游的多样性发展目标。该计划拥有良好的管理制度和机制，能够统筹监管全镇的经济运行，确保小城镇有序与稳定发展。随着小城镇的建设，郊区人口比重逐渐增大，制造业和服务业逐渐成为地方经济的支柱产业，城乡融合发展，差距逐渐缩小，城乡一体化格局逐步形成。城乡共生发展模式是美国城镇化的重要特征，它以城市带动农村，促进城乡一体化发展，达到乡村共同发展的目的。这种模式生活空间布局合理，给城乡居民的生活带来便利。

7.2.2 美国的城镇化建设经验

（1）层次分明的城市规划。美国的城市规划体系层次分明，首先由政府进行战略规划，制定战略发展目标；其次进行总体规划，细分整体规划的内容，提出合理化建议；最后进行分区以及土地利用规划，将城市土地按照不同用途进行细分[①]。城市规划对各类用地进行严格控制，明确规定用地开发强度，这是城市规划的核心要务。详细的土地规划是区划的重要手段，能有效提高城市生活空间的宜居度，充分保障人民生活，提升公共服务水平。

（2）科学的交通设施建设。19 世纪末，美国政府开始进行城市交通网络建设，将市际公路系统建设放在核心位置。19 世纪 60 年代，美国颁布相关法令积极推进铁路建设，横贯东西的铁路结束了西部地区的封闭状态，使东部地区的科技、人才和资金流入西部地区，推动了东西部地区的贸易联系，促进了全国统一市场的形成，为城镇化的发展提供了便利的交通条件。

（3）严格的生态环境保护。在美国，生态环境受到重视，生产空间被严格划分。所有开发项目都要通过政府部门的“环境监测”，尽可能地减小项目开发对生态环境的影响和破坏。在土地规划方面，美国高度重视公园和绿地的建设，对被划分为绿地的区域进行严格管理，确保其用途不被更改。在公路建设方面，美国不仅考虑路面设计施工等，还十分注重对地形地貌和植被的保护。这些措施不仅促进了当地环境的改善，还有效保护了城市的生态空间，推动了城镇的生态化建设。

① 土地一般划分为住宅用地、商业用地、工业用地、农业用地和公共设施用地等。

7.3 欧洲的城镇化建设

7.3.1 欧洲的城镇化建设历程

英国、德国等欧洲国家的城镇化模式不仅重视政府的宏观调控作用，而且充分重视市场对资源配置、要素流动的决定性作用，引导城乡协调发展。“二战”后的英国工业经济发展迅速，导致国内社会发展和生态环境受到严重的破坏，进而英国开始进入城镇化调整阶段。为了解决城市的“过密化”问题，英国推行“城镇郊区化”战略，充分发挥市场对要素和资源配置的决定性作用，促进城市经济活动和人口向郊区迁移，使城镇化相关的要素（如资本、土地、人口等）在城乡间、城市间自由流动。20 世纪 70 年代，英国的新镇开发不再局限于大城市周边区域，而是扩展到整个城乡区域，新镇规模越来越大。新镇的发展辐射到乡村地区，对乡村地区的发展起到积极带动作用，促进城乡融合发展。英国卫星城规划与建设比较领先，1903 年英国建设了伦敦的第一座卫星城——莱齐沃斯，随后建设了威尔温、斯洛等伦敦的卫星城。政府大力推进卫星城基础设施和居住型社区建设、社会福利保障体系建设，同时优先将工业项目落户到卫星城，以解决当地居民的就业问题。

德国的人口密度为 237 人/平方千米，是欧洲人口较密集的国家之一，也是高城镇化率的国家，达到 96%。德国的城镇化建设注重强化政府的职能，在政府统筹规划与指导下，德国既形成了大中小城市均衡发展的总体布局，又突出各城市的独特的定位与特色；在城镇化建设的过程中不仅重视对自然环境的保护，还保留了具有当地文化特色的人文建筑，有利于当地旅游业的发展。另外，德国智能化建设与可持续发展得到高度重视，智能化项目具体体现在节能、环保、城市基础设施等领域，推动了城市低碳化建设和可持续发展。

7.3.2 欧洲的城镇化建设经验

（1）强化政府职能，注重统筹规划与指导。如英国制定相关政策，实施国家城镇化战略。《城乡规划法》将乡村纳入规划统筹，有效地规范了城镇化建设，明确了区域空间战略和地方发展框架，形成“多核化”城镇化发展的模式。同时，英国建立乡村产业发展的新模式，也是英国工业发展的新思路——乡村工业，其根植于乡村，依托加工技术和乡村出产的农产品，发展农产品加工业。乡村工业快速发展产生两个方面的积极影响：一是使农产品需求更加稳定，农业规模化经营得以实现，促进城镇化发展和农民就地就业；二是加快农村改造进程，农村转变为宜居小镇，缓解了大城市的沉重压力。20 世纪 70 年代，德国开展“我们的乡村应更美丽”计划，传统乡村被保护性更新。20 世纪 90 年代，德国颁布了《建设法典》《空间秩序法》等，促使德国城乡规划更加规范和有序。科学的城乡统筹规划，能够有效地区分生产、生活、生态“三生空间”，促进生产空间的集约化利用，提高生活空间的宜居度，并保护当地的生态环境。

（2）建设多元化的城镇发展体系。欧洲许多国家在城镇化进程中形成大城市和中小城镇协同发展的模式，各国政府很早就认识到，城市并非越大越好，大城市容易在交通、环境等方面出现负担过重等问题，因此有必要控制大城市的扩张规模，引导产业和人口流入周边地区。周边地区受到城市的带动，加强与城市的联系，且不断融入城市，最终形成以一个或多个大型城市为中心的都市圈。德国约有 30% 的人口居住在大城市，其余 70% 的人口居住在中小城镇。遵循“小即是美”的原则，德国的中小城镇小而精致，人口规模不大（2000 ~ 10000 人），但经济繁荣，基础设施、服务很完善，形成城乡一体、布局合理、均衡发展的模式，有效地推进了生产空间的有机整合和适度集聚。

（3）充分挖掘各城镇的特色与优势。英国的城镇化和工业化协同发展，其实行的乡村工业模式不仅能够保护居民的乡土情结，还能结合当地的特色，依托乡村生产空间推动乡村产业发展，带动当地经济水平提升，给居民带来高质量的生活，推动城乡融合发展。在德国，各个城市、城镇定位明确，特色鲜明，发展的侧重点各异。例如，作为首都的柏林是德国的文化、政治和交通中心，法兰克福金融业发达，汉堡造船业、电子信息业、传媒业比较发达，慕尼黑工商业发达且艺术气息浓厚。

(4) 重视城镇生态环境保护。欧洲各国在城镇化进程中重视对城镇生态环境的保护，有效地保障了城市的生态空间格局。在城镇现代化进程中，英国建立健全了相关的保护法规，培养了公民的环保意识，注重对地方特色的保留以及对乡村环境的保护，建立严格的城镇管理制度。在城镇化的进程中，德国非常重视城镇发展规划，政府在交通、环境保护、工业布局等方面制定了相关的政策，推动对城镇的环境保护和其可持续发展。在公共交通方面，德国制定了公共交通规划，推进相应的交通设施升级，鼓励公众绿色出行，减少环境污染。各国采用经济、政治手段在城镇化建设中加强生态环境保护，提升了生态空间的综合效益，有效地推动了城镇化健康、有序、可持续发展。

7.4 发达国家和地区城镇化经验借鉴及启示

不同国家和地区的城镇化模式与本国的历史文化传统、社会经济发展状况以及价值观密切相关。综观发达国家和地区的城镇化模式可以发现，在城镇化建设过程中，要加强政府的统筹规划以及市场的作用，注重农业和工业协同发展，大中小城市同步发展，建设符合生态文明的新型城镇化。

7.4.1 加强政府宏观调控，充分发挥市场作用

影响城镇化发展的两个主要因素是政府和市场，在城镇化进程中，政府要对城镇化的总体布局进行科学规划，还要加强对基础设施的投入，制定相应的法律法规，规范城镇化发展；同时要尊重市场规律，城镇化进程中所需要的资金、资源等各种要素要通过市场的力量自由流

动。我国的城镇化进程应该充分发挥政府在经济、社会、文化、生态文明方面的宏观调控作用，还要依靠市场的作用，推动资源和要素的自由流动。政府应统筹安排、合理布局生产、生态、生活三大类空间，提升“三生空间”的融合度。

7.4.2 注重农业、工业和城镇化协同发展

农业是基础，工业是主导，农业为工业的发展提供原材料；城镇化与工业和农业的发展密不可分。农业是城市生态系统的重要组成部分，能够起到涵养水源、自然生态保育、调节微气候等作用。任何国家的城镇化都必须重视农业的基础地位，要创新农业发展模式、优化产业结构，推动现代农业、绿色农业的发展。综观日本、美国、英国和德国的城镇化可以发现，工业化的进步能够推动城镇化建设，因此我国要积极探索农村特色产业，因地制宜地促进当地产业发展，大力发展旅游业和服务业，推动第一、第二、第三产业融合发展，丰富生产空间的功能和类别，提升农业空间复合效益。此外，科技是农业发展的原动力，因此要进一步加强产学研的深度融合，推动现代农业、绿色农业、生态农业的发展，提升城乡产业化互动水平，从而推动农业、工业和城镇化协同发展。

7.4.3 推动大、中、小城市协调发展

城镇化进程中美国出现的“过度郊区化”、日本出现的“过度城市化”均是历史发展的必然产物，同时是我国新型城镇化发展中需要避免出现的问题。因此，新型的城镇化需要政府科学规划，构建合理的空间格局，促进大中小城市协同发展。我国的城镇化建设要打破城乡二元的地域结构，重点建设小城镇，实现城乡空间的整合。大城市要发挥好聚集功能以及对周边地区的辐射功能；小城镇要完善基础与公共服务设施体系，提升环境品质和生活服务功能，打造生态宜居的生活环境，充分满足居民对美好生活的需求。此外，目前我国农村劳动力整体年龄偏高、知识层次偏低，在一定程度上影响了我国现代农业的发展，为此，

我国要加快教育管理体制改革，加强职业教育，提高农民的职业技能水平。

7.4.4 重视城镇生态文明建设

忽视对环境的保护，城镇化发展的进程中就可能出现环境恶化、生态平衡被破坏等问题。日本、美国、欧洲等国家和地区都曾不同程度地出现这些问题。随着各国对城镇中人文和生态环境保护的重视，各国才实现了城镇开发与环境保护的协调发展，既注重环境绿化、历史文化遗产的保护，又注重城镇个性化、差异化建设。我国新型城镇化建设要坚持生态文明建设和新型城镇化建设同步发展，合理布局空间格局，严格规范建设方式，加大环境治理和保护力度，优化生态空间结构，提升生态系统的整体功能，走可持续发展之路。

8 “三生空间”融合视角下新型城镇化的发展机理和推进机制

8.1 新型城镇化发展机理

生产空间、生活空间和生态空间三者相互交融、相互影响。一是生产空间是生活空间和生态空间发展的支撑。通过提升生产空间质量，为基础设施建设、教育、医疗等提供资金支持，增加人民收入，提高人民生活水平；促进经济结构转型，推动生态空间质量的提升。因此，生产空间的发展要突出产业特色，以科技为引领，通过产业集聚，形成规模效应，并通过三次产业融合发展延伸产业链。二是生活空间将生产空间和生态空间联系在一起，生活空间的优化既依托生产空间利用效率的提高和财富的增加，也离不开良好的生态环境。因此，生活空间应以镇村聚落和文化特色为基础，完善基础设施和公共服务，改善人文环境。三是生态空间为生产空间和生活空间的发展提供保障。生态空间是以提供生态产品或生态服务为主体功能的国土空间，生产空间、生活空间功能的实现均需要生态空间的支撑[①]。因此生态空间应保持生态特色，引入绿色产业，发展循环经济，实现可持续发展。

如图 8 -1 所示，新型城镇化以“创新、协调、绿色、开放、共享”新发展理念为引领，在科技、制度、管理、业态、文化等方面多层次、多领域地进行创新，使城镇关系、镇村关系、政府与市场关系相协调，

① 武占云，单菁菁．城市“三生空间”格局演化与优化对策研究[J]．城市，2019(10)：15 - 26.

实现人与自然和谐共生，各方参与、包容开放、全民共享、全面共享，最终实现“三生空间”融合发展、“产城人文”四位一体的发展目标。

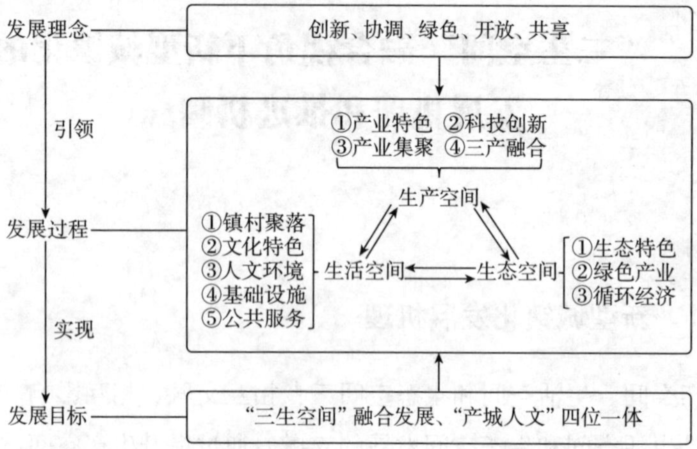

图8-1　基于“三生空间”融合的新型城镇化发展机理

8.2　新型城镇化推进机制

基于“三生空间”融合发展的视角，新型城镇化的推进应解决好生产空间、生活空间、生态空间的协调关系，坚持以人为核心，破解土地利益冲突、群体发展不均衡、生态环境恶化等突出问题，促进资源统筹利用、人的全面发展和生态文明建设，构建利益协调机制、包容发展机制、和谐共生机制，以多元治理机制为保障，统筹推进新型城镇化发展。新型城镇化推进机制的构建思路见图8-2。

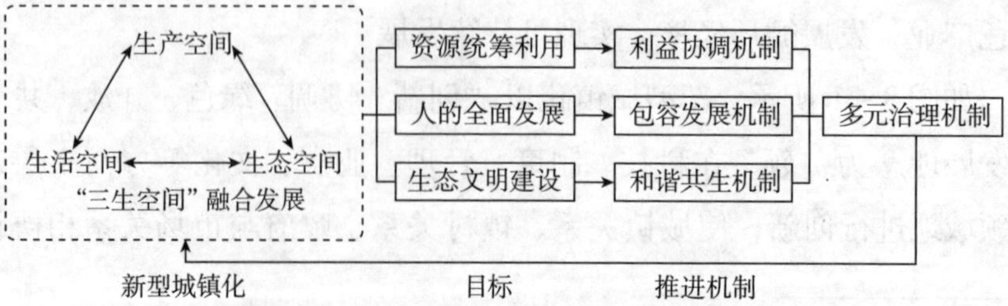

图8-2　新型城镇化推进机制的构建思路

8.2.1 利益协调机制

推进人口城镇化与土地城镇化的协调发展，既要创新理念、优化体制机制，又要转变政府职能、提升服务水平。城乡土地资源合理利用的利益协调机制重点解决两个方面的问题：一是解决建设用地不足与耕地保护、土地集约利用与土地资源非市场化配置、公共利益与个人利益、土地财政收入与地方财政收入不足的矛盾；二是解决社会保障体系不健全，务工农民、流动人口、产业工人无法公平享受城镇化发展的红利等问题。

利益协调机制需要兼顾效率与公平，优化、细化城市存量土地出让收益分配及管理制度。农业用地转建设用地出让收益补偿顺序应将集体经济组织放在首位，补偿农村集体经济组织后再上缴财政；在上缴的财政部分资金中，提高用于农业农村的比例，完善其使用范围，严格加强各专项基金的管理。完善农村宅基地使用权退出和补偿机制，按照相关政策，做好征地农民的产权置换、货币补偿等工作，最大化保障被征用土地农民的利益。

8.2.2 包容发展机制

（1）权利保障机制。完善相关法律法规和政策，从劳动力的角度设计社保制度，保障人民的各项权利和义务。农业与非农业户口的区分只是表象，简单的农改非不能促进市民化发展，无法实现对农业转移人口的权利保障。更深层次的权利保障机制是各项福利制度的均等化，包括养老制度、医疗制度、就业制度等；各项福利制度应协同推进，形成基本制度体系。部分农业转移人口受教育程度偏低，收入不高，加之自我感知上的不认同，出现排斥心理，因此需要通过培训等措施，使新市民真正融入城镇。

（2）成果共享机制。在乡村振兴和新型城镇化的共同推动下，小城镇成为乡村振兴的中心，吸引着现代生产要素。农民就地城镇化、就地就业仍是主要趋势，农民实现就地“转产”“转身”，小城镇承接京津冀地区疏散转移的产业和人口。因此应根据进城落户农民的类型、渠道，建立不同的住房保障体系，积极制定和推行相关的产业、就业政策；加大城镇和镇郊基础设施建设力度，提高公共服务水平，促进产业集聚，以产业发展带动人口集聚、就业，以满足农民日益增长的到城镇就业安家的需求；创新融资模式，加强支付渠道建设，完善金融服务环境，针对进城农民的用资需求，开辟新的贷款通道。

(3) 能力提升机制。注重人力资本开发，提升人才能力，促进人才流动，推进人才共享，为构建新发展格局提供智力支持。各区产业园区应围绕产业特色、服务业发展用工需求，坚持多元化、多形式地开展职业技能培训，重点培养领域为卫生医疗服务、企业经营管理、农业实用技术、生产加工技能；注重创新意识、创业素质的挖掘与培养，提升居民的就业能力、职业能力、自我成长能力，提高其就业居住稳定性。

8.2.3 和谐共生机制

贯彻落实可持续发展战略，健全生态文明统筹协调机制，坚定走绿色发展之路，努力建设人与自然和谐共生的现代化。建设生态环境建设示范区，要进一步挖掘中新生态城等示范点的示范效应，建设一批示范小城镇；立足资源环境承载能力，创新减排发展方式。

加快形成生态文明利益共同体，构建区域生态协调机制。建立区域生态文明建设联盟，通过生态建设与环境保护联席会议，商议区域生态环境保护和治理工作；商定生态环境评估服务机构，完善生态环境评估方法，推动区域内生态补偿标准制定、跟踪检测体系构建等工作。完善生态补偿配套制度体系，建立健全生态环境跟踪监测体系；协调北京、天津、河北三省市的关系，完善跨区域、跨流域的生态补偿机制。

8.2.4 多元治理机制

党的十八届三中全会给出多元治理基本框架，结合共建共治共享的社会治理制度，推进新型城镇化，要适应时代发展需要，围绕公共管理的基本职能，探索多元治理机制。农村城镇化地区要重视农村社区治理模式的创新，优化重构社区治理体系。加强自治，鼓励多元主体共同参与。落实社区民主选举、民主管理、民主决策和民主监督，提升农村社区治理主体的责任意识。加强农村基层干部及人才队伍建设，完善培养机制和激励机制，激发社区服务人员工作的积极性和创造潜能。建立健全农村社区治理部门与社区居民的沟通机制，拓宽沟通渠道。基层部门应转变思想，转变传统观念，优化服务、促进发展。

9 “三生空间”融合视角下新型城镇化的实现路径

——以天津市上仓镇为例

9.1 上仓镇发展现状

在居民收入水平不断提高、消费升级、乡村振兴战略的大背景下，上仓镇产业发展面临重大机遇。2017 年，蓟州区上仓镇入选天津市第一批特色小镇培育名单，产业发展方向为科技服务和生态旅游。2018 年，天津市蓟州区被选为第一、第二、第三产业融合先导区。本部分以蓟州区上仓镇为例，分析其“三生空间”的要素及特色，并提出基于“三生空间”融合视角的新型城镇化实现路径。

上仓镇位于天津市蓟州区，地处平原地区。镇域面积 47 平方千米，辖 41 个行政村。种植业以粮食作物为主、经济作物为辅，主要是露地种植玉米、红薯、小麦，附加值较低；少部分镇村种植蔬菜、食用菌、水果等。2017 年，上仓镇蔬菜种植面积为 366 公顷，比 2016 年提高了 14.75%；产量达到 2.2 万吨。2018 年，上仓镇政府注册了镇域品牌“上米仓”商标。在休闲旅游方面，上仓镇拥有北方江南景区、燕子李三纪念馆、多个果品采摘园等。其中，北方江南景区为国家 AAA 级旅游景区。

9.2 上仓镇“三生空间”要素解构及特色凝练

9.2.1 “三生空间”要素解构

(1) 生产空间。上仓现代农业示范园是市级现代农业示范园区，其重点发展食用菌产业、设施蔬菜种植业、生态型养殖业、农产品加工业、观光农业、农业科技服务业六大产业，已有多家农业企业入驻，如“东方中滨”“国府金地”“棋浩食用菌”等。在园区的示范带动下，虫虫农场、绿安泰专业合作社、津玖红火龙果种植合作社等新型经营主体纷纷成立，多种优特新农产品被引入上仓镇种植，出产的农产品包括蛹虫草、火龙果、金玉兰菜、草莓等。东塔驴肉历史悠久，已传承百年，2012 年上仓镇完成商标注册，驴肉年产量约 30 吨，年销售额为 219 万元。

上仓工业园已入驻企业 84 家，重点发展绿色食品、生物医药、新材料、电子制造等产业。现有挂月集团、渔阳酒业、环湖农业等企业，主要经营酿酒、仓储保鲜、物流、食品加工等，从业人员达 3700 多人。总投资 5 亿元、占地 26.7 公顷的津酒集团落成后，将与挂月集团、渔阳酒业共同打造中国北方最大的白酒之城。环湖农业科技有限公司是集农产品深加工及销售于一体的农业科技型企业，其核心产品包括枸杞饮料、金银花颗粒、淀粉、粉丝等。

(2) 生活空间。上仓镇现有初级中学 2 所、小学 3 所，适龄学生能够实现就近入学；拥有中心卫生院 1 所，满足镇域居民的基本医疗需求。上仓镇大部分村落沿州河两岸自然聚集而形成。各村环境整洁，美丽乡村建设持续推进。2020 年上仓镇投入 72 万余元进行农村环境综合整治。2020 年上仓镇已修建污水处理站 8 个；累计建设集污池 2612 个，建设污水管网 3868 米；完成户厕改革 9556 座。

上仓镇部分村落历史悠久，河西镇村、东塔庄、仓前庄、田各庄、北刘各庄建于唐代，距今已有 1000 多年的历史。历史中的上仓镇经济繁荣，商贾云集，南北货物充沛，素有“州河两岸度春秋”之说，著名的历史遗迹有锁链三座塔、八宝琉璃井、八个碌轴桥等。上仓还有“红色之镇”之称。1927 年上仓镇建立了蓟州区第一个党支部，许家大院曾是中共蓟县县政府所在地。上仓镇还有上仓惨案遗址、张庄惨案遗址、冀州战勤司令部遗址等，革命烈士胡香圃也是蓟州区上仓镇人。这些成为上仓镇发展红色旅游的基础。程家庄村是“燕子李三”原型李芬的故乡，通过挖掘民国侠士“燕子李三”文化典故，程家庄村建成仿古式建筑“柳溪暨燕子李三纪念馆”。2016 年程家庄村先后流转土地 33.3 公顷，建成集义文化园区、自然观赏园区、果品采摘园区、田园农耕园区和亲子游乐园区于一体的北方江南景区，是蓟州平原地区少有的休闲旅游景区。目前景区内具备一定的住宿接待能力，并增建了水上游乐园、特色美食街等项目。

（3）生态空间。流经上仓镇的州河形成于唐代，当时的州河河面宽阔，波浪汹涌，水深达数丈，漕运随之兴起。明代州河沿岸设置五大仓敖，最北面的仓敖就位于现在的上仓镇，被称为“上米仓”，上仓镇的名字也由此得来。州河、河滩、堤岸绿化景观是上仓生态旅游特色小镇最重要的生态空间。此外，津围公路两侧、仓桑公路两侧以及上仓现代农业示范园、北方江南景区、上仓工业园内的生态景观是特色小镇的重要生态空间。2020 年上仓镇农田残膜回收率达到 100%；农作物秸秆综合利用率 100%，农作物秸秆综合利用作业面积 3.95 万亩。

9.2.2 特色凝练

（1）特色优势产品。上仓镇的火龙果、金玉兰菜、蛹虫草、驴肉等特色农产品在京津冀地区优势明显。天津市规模种植火龙果的基地较少，津玖红火龙果种植合作社自中国台湾、厄瓜多尔引进火龙果品种，并掌握了一套适用于北方的火龙果育苗、种植管理技术，秧苗销往本市西青区、宝坻区，北京丰台区等地。玉兰菜生产基地取得有机产品认证，2018 年“那年头”品牌被认定为天津市知名农产品品牌。“渔阳牌”系列白酒获得“津门老字号”“天津市非物质文化遗产”称号。

（2）特色文化。上仓镇悠久的历史、漕运文化、红色文化、酒文化、义文化为上仓镇旅游业的发展、品牌农产品的打造奠定了坚实的文化基础，其也是乡村振兴源源不断的精神动力。唐宋建制的村落、锁链三座塔、八宝琉璃井、八个碌轴桥、蓟州区第一个党支部、冀州战勤司令部遗址、兴泰德烧锅、八大仓敖、燕子李三等不仅承载着上仓镇悠久的深厚文化底蕴，还寄托着人们深深的乡愁。

（3）特色生态资源。相对于蓟州山区，上仓镇发展平原生态旅游的优势并不明显，因此上仓镇必须找到差异化发展之路。州河自然景观、州河米仓及漕运文化正是上仓镇区别于蓟州山区的特色鲜明的重要自然和人文资源。州河两岸村落民居质朴、街巷整洁。其规划应因地制宜，保留村落原始风格并在细节中找到突破口，使其成为特色小镇的一个亮点。津蓟铁路在上仓设有停靠站，上仓镇将铁路两旁的树木等自然景观培植丰富起来，火车、铁轨加桃花樱花林，也可以成为平原旅游的热门打卡点。上仓镇打造生态旅游特色小镇的要素解构及特色凝练见图9－1。

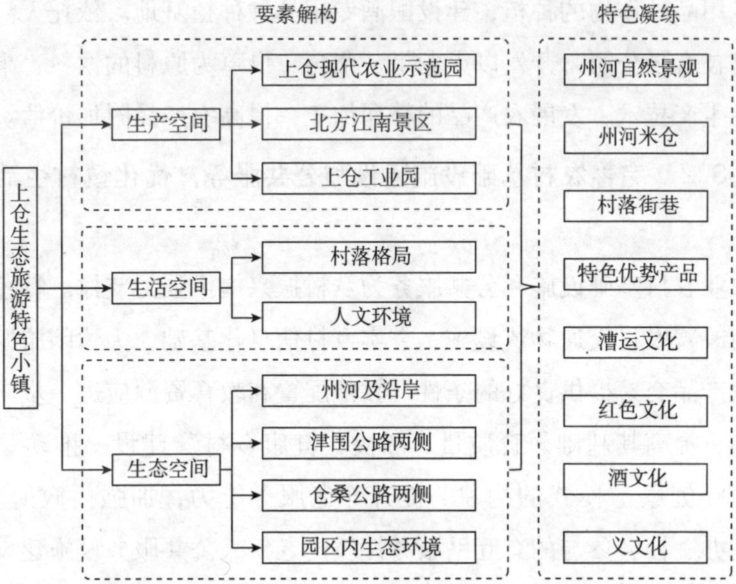

图9－1 上仓镇要素解构及特色凝练

9.3 上仓镇新型城镇化实现路径

9.3.1 因势利导、盘活资源，引导特色小镇生产空间重构

产业特色和产业优势是特色小镇发展的动力和源泉。上仓生态旅游特色小镇应坚持绿色发展理念，以生态农业、特色农产品加工业为特色，延伸产业链，实现“种苗培育—种植生产—加工储藏—休闲旅游—科技服务”三产融合的发展格局，重构生产空间。

上仓镇应以“上仓现代农业示范园”为龙头，提升创新研发水平，以科技引领农业产业升级，打造农业科技服务示范区；改造提升现有农业设施，发展设施生态农业，进行“林果—粮经—畜禽”立体生态种养、生产空间集约高效利用，实现产业规模效应，形成特色优势产业区。依托天津东方中滨农业科技有限公司，发力菌种研发，提高菌种繁育能力，扩大菌种繁育规模。提高东塔肉驴养殖基地的种驴繁育技术，壮大种驴繁育基地。依托渔阳酒业和挂月酿酒股份有限公司，适当发展酿酒专用品种作物的种植，建设酿酒专用品种种植基地。依托天津环湖农业科技有限公司，开发以火龙果、草莓、虫草为原料的饮料、果酒和保健品生产技术，发展农产品的精深加工，提高农产品附加价值。

9.3.2 完善农村基础设施建设和公共服务，优化镇村生活空间体系

农业农村基础设施和公共服务为乡村振兴提供强力支撑。特色小镇需着力改善农村交通物流设施，夯实乡村信息化基础，为休闲旅游的发展、农产品交易提供良好的条件。教师配置和教育资源应进一步向上仓镇倾斜，提高其基础教育质量。加快“健康乡村”建设，推动“互联网+医疗健康”模式的构建。提升养老服务能力，加强由政府支持、村级主办、社会参与的有互助服务性质的老年人公共服务设施建设。

营造良好的居住文化和居住氛围，保留州河两岸郑家套村、河西镇

村、张家庄村、花窝村等村落的现有格局，突出农居特色，打造镇村生活空间。在州河两岸绿化提升的基础上，抓住明代州河两岸仓敖的特色，挖掘漕运故事，打造漕运文化亮点。因地制宜，在一街一巷、一墙一屋的细节上做文章，打造“民居＋文创”产业区，实现生活空间与生产空间的融合。提升北方江南景区游乐设施建设，在该景区引入新优特农产品种植，这样既能美化环境，又能出产特色农产品，同时实现生态空间与生产空间、生活空间的融合。

9.3.3　综合整治州河两岸环境，提升生态空间品质

生态是特色小镇的基础，州河是上仓生态旅游特色小镇的灵魂。只有提升生态空间品质，创造优美的居住环境和旅游环境，才能做到宜居宜业宜游。州河在上仓生态旅游特色小镇生态空间中占有重要地位，改造提升州河及两岸的生态环境是上仓生态旅游特色小镇生态空间重构中最重要的任务之一。

挖掘州河资源，打造州河生态园。一是修复水生态环境。州河两侧污染源已得到一定程度的治理，但还需要通过微生物、鱼群和水生植物提高河水自净能力；要严防州河两岸居民生活污水、工厂排污对河水的污染。二是加大州河坡岸、堤岸及周边绿化。保持原有自然绿化，并补种、加种北方适宜生长的植物，堤岸防护林带宽度应达到 20 米以上。选种的植物不仅要有层次性、观赏性，更要有改善生态环境的作用。三是建造观赏步道与亲水平台。步道采用透水性铺装方式，在考虑河流水位等因素的情况下，建造亲水平台。

10 “三生空间”融合视角下推动新型城镇化的政策建议

10.1 推动经济体系优化升级

10.1.1 进一步完善产业链条，优化产业结构

本书建议借鉴部分省份“链长制”分工和管理思想，提高政府服务能力；围绕产业链龙头企业的需求，加强产学研深度合作，支持龙头企业牵头组建创新联合体或创新联盟，统筹上下游资源，协同创新。

北京应充分发挥自身在京津冀城市群中的“领头羊”作用，更加聚焦优势产业，打造新一代信息技术、医药健康两个国际领先的支柱产业，同时关注生物技术与生命科学、碳减排与碳中和、前沿新材料、新型存储器、脑科学与脑机接口等前沿产业，带动京津冀城市群的发展，并与天津、河北形成差异化发展的产业布局。北京应加速将科技创新力量赋能于天津和河北的传统产业，协同推进京津冀城市群传统产业的绿色化、数字化、智能化改造；发挥资本优势，采取“产业基金+”方式，鼓励企业在天津、河北布局一批带动能力强的项目，发挥其资本的杠杆效应，吸引资金向该区域聚集，形成产业集群，从而完善京津冀区域产业生态，构建协同发展格局。

天津应围绕“一基地三区”建设，布局“补短板”“锻长板”并

重的创新链，以自主可控的创新链保障安全稳定的产业链[①]。围绕先进通信、算法、新能源汽车、生物医药等重点领域，加强创新，提高生产效率，强化高技术创新产业的高水平供给能力，提升经济韧性。充分发挥优势突出的算力资源、制造业发展基础和服务业创新优势，开展“智能+制造+服务”工程；细化科技创新领域，将优势资源向“卡脖子”技术攻关项目倾斜，构建应用场景，推动科技成果转化。优化河西陈塘自主创新示范区、滨海中关村科技园、武清智能科技产业园、京滨工业园及宝坻中关村科技城等承接平台的发展方向、产业结构，完善对接政策，促进形成更大规模的外部正效应。着力打造“北方声谷”“细胞谷”“氢能小镇”“先进计算大数据创新集聚区”等科技创新标志区和创新集聚区，营造良好的产业创新生态系统氛围。促进区域合作的制度创新，重点在解决要素市场结构性失衡问题上下功夫，破除制约区域间要素流动的制度性障碍。对接京津冀协同发展的需求，发挥天津的比较优势，做好承接北京产业转移的相关工作。

河北应继续加大优化产业结构力度，促进资源型城市转型。唐山、邯郸、石家庄等重工业城市，要严格控制新增产能，推动钢铁、石化、水泥等传统产业的超低排放改造。升级钢铁装备工艺，推广应用智能炼钢、烧结机大型化厚料层烧结等技术，支持企业改造目前的长流程生产工艺，建设大型链篦机—回转窑、带式焙烧机，提升设备技术水平。依托石家庄循环化工园区，打造特色化工产业链，延伸发展化工新材料，引导化工业向精细化方向发展。依托雄安新区建设，发展信息智能产业，建设雄安京津冀国家技术创新中心等一批国家级创新平台，开展关键核心技术攻关和科技成果转移转化。

10.1.2 推动生产空间资源的优化利用

为促进“三生空间”融合发展，优化有限的土地资源利用刻不容

① 郭海轩，王新钰．各地产业链“链长制”对天津市产业创新的经验启示[J]．天津经济，2021(7)：8-10.

缓。要实现生产空间的绿色发展，就要严格控制耕地保护与利用，加大土地整治力度，加快建设高标准基本农田。加强建设与推广农业公园，保护都市农业景观。结合连片的田野、稻田、鱼塘、果园等，建设专业性农业公园，发展多种产品构成的综合性公园。开展土地利用格局与碳排放关系研究，摸清土地利用碳排放效应。提升传统产业空间供给水平，如工业园区复绿、旧厂房升级改造等。扶持绿色能源产业的建设，提高供给水平，加快推动绿色低碳生产。

挖掘各区县、乡镇的比较优势，根据其比较优势和新型城镇化发展水平，规划产业发展方向。不过分强调三次产业单纯的比例关系，更加关注产业规划与当地的适应、匹配程度。加快产业融合，强调依靠创新和技术进步推动产业结构优化和价值链提升。优化各产业园区定位，盘活园区资源，精准错位发展。

10.2 夯实宜居生活基础

10.2.1 完善基础设施建设

加快形成一套兼顾城市新基建与规模存量基础设施提质改造的城市开发建设体制、机制，完善相应的金融、财税、土地等政策体系，推动实施城市更新行动。借鉴日本的《都市再生特别措施法》《历史城市建设法》《生态城市法》等系列法律制度，出台国家层面的城市更新法律法规，加强顶层设计，构建城市更新总体制度框架。建立健全城市更新机制，腾退低效空间，拓宽城市更新产业链条，提升城市品质。始终把以人为本放在首位，统筹发展住宅建设、文化娱乐、康养休闲、教育等为民服务的幸福产业，配置相关产业资源，加快城市更新项目落地。增加长期租赁住房供应，重点满足进城务工人员、流动人口、单身青年的租赁住房需求。针对产业功能区，完善园区基础配套，增加服务“细胞核”布点，提高城市治理科学化、精细化、智能化水平。

加快信息基础设施建设，加快 5G 布局，为更多场景应用提供支撑。构建城市地理空间框架，加强城市数字化系统的应用，聚焦智能化基础设施建设，构建多元智能应用生态，推动数字城市发展。打破信息孤岛，建立完善的数据信息交换与共享中心，与城市云脑、城市 CIM 平台对接建立数据共享机制，整合行业公共服务信息资源，推动其综合开发利用。如加强网上医疗、教育、娱乐、咨询、休闲等服务，并普及这些服务，使其深入百姓日常生活。推进云计算、大数据、人工智能等新一代信息技术在供水、供暖、供气保障、为民服务、环境卫生、综合执法、灾害预警防范等领域的深度应用，建立专业数据库和综合分析模型，实时获取和掌握城市运行动态数据。整合资源，完善数字乡村建设标准。

10.2.2 推动公共服务均等化

推进公共服务供给机制改革，提升公共服务水平，促进公共服务均等化，使新型城镇化过程中的农民和城市居民均能获得高质量的公共服务。强化数字学校平台建设，使教学实力相对薄弱学校的学生能够享受高质量的教学，使教师获得更多培训和学习的机会，解决教育资源不均衡问题，提高教师的教学质量。

提高养老服务有效供给，进一步健全居家养老保障机制，将老年日间照料中心的积极性调动起来，真正发挥其服务老人衣食住行的作用；推动区县级公办养老院公建民营建设。农村地区养老服务机构要与村镇卫生服务机构（乡镇卫生院、社区卫生服务中心、村卫生室）建立合作关系，提高医疗服务水平。鼓励开发和运用新科技手段，强化智能化、数字化技术手段在养老行业的运用，如搭建覆盖老年人全生命周期的健康管理平台，使养老服务更加专业、精细。

10.3 提升生态环境承载力

10.3.1 强化环境保护和生态修复

推行绿色生产方式，引导居民践行绿色生活及消费方式，构建由环境税、押金—返还制度、碳排放交易、环境信用评级等构成的环境保护政策工具体系。通过化学修复技术、农业生态修复技术、深耕改土，减少土壤中污染物质的含量。充实国土空间生态保护修复规划体系，如天津要重点推动生态功能区形成连片性效益，加强生态保护与修复，推动双城中间绿色生态屏障区建设，充分挖掘绿色生态屏障区的经济价值、生态价值等，推进碳达峰、碳中和；发挥生态功能、休憩功能。完善生态产品价值实现制度体系，探索生态产品所有权、使用权、经营权及环境权的分离确权登记，完善修复前后的产权确认与流转规则，实施生态保护修复责任与自然资源资产产权挂钩制度；建立生态保护修复市场监管体系，明确准入资格，制定可供交易的生态产品认证准则；完善市场交易法规体系，明确生态保护修复市场的基本原则、主要领域、市场主体、价格机制、交易规则①。

10.3.2 推动生态环境的协同治理

提高京津冀地区乃至华北地区跨区域、跨部门的环境协同治理能力，对城市边界、重点关注区域、重点监测区域的水污染、空气污染等问题进行协同治理，共享污染源监控信息。建立京津冀区域空气质量监测体系，完善生态环境预警机制。京津冀生态环境问题治理涉及政府、企业、社会组织和公众多元主体的利益，因此应构建政府主导、市场协调和社会参与的利益协商机制，通过对话、协商、谈判，消除矛盾、达成共识，形成跨域生态利益补偿方案，建立并完善跨区域生态补偿长效

---

① 侯湖平，金志丰，张绍良．生态保护修复市场化机制的构建思路分析[J]．中国土地，2022(1)：26－29.

机制和生态收益共享机制；生态环境治理成本由区域内各省市共同承担，共享收益；着力推进京津冀生态补偿型产业合作。

强化京津冀地区生态环境协同治理的法治保障，依靠法律巩固协同关系、明确协同权限、厘清协同职责、分清协同义务。约束多元共治中各主体行为的规范制度，对各主体在合作治理中不履行职责、无视整体生态环境效益的行为进行制裁，督促各主体履行合作协议、维护合作秩序。根据职责权限，建立多元共治中各主体绩效的考核制度，通过考核评价，敦促各主体积极履行自身职责。建立针对不同主体的激励制度，通过政治层面、行政层面、物质层面、精神层面的多元化奖惩措施，调动各主体参与多元共治的动力和积极性。

10.4 加快机制、体制创新，推进新型城镇化建设

10.4.1 吸收社会资本参与新型城镇化建设

充分发挥政府在社会资源流动方面的推动作用，营造开放、包容的发展环境。理顺城市基础设施产品和服务的价格形成机制与投资补偿机制，通过资产证券化、特许经营、政府和社会资本合作等形式，吸引社会资本参与新型城镇化建设。对项目进行合理规划、严格甄别和筛选，对所需的基础设施建设投资和经营性投资在投资比例上进行灵活搭配、调整，促进片区整体开发。借鉴浙江省产业基金的做法，采用直接投资、定向基金、非定向基金等投资模式，联动市县政府基金、产业资本、投资机构、金融资本、社会资本共同投入，更大程度地发挥产业基金的效用。重点鼓励社会资本参与到智慧城市建设、城市生态空间提升、城乡融合发展等领域中，发挥市场在资源配置中的主体作用。

10.4.2 加快推动农村土地制度改革

继续推进以“三权分置”为核心的农村土地市场化制度改革，通过产权划分细化与分离，在坚持农村土地所有权以及村集体农户成员权

（包含村集体农地承包权、宅基地资格权）国家管制的基础上，放松农村土地使用权的国家管制，促进农村土地在城乡之间自由流动，盘活土地资产，激活农村土地资本属性，实现农民对农村土地的财产权利和收益权利。积极搭建规范的农村土地经营权流转市场，完善农村土地经营权交易制度，包括农村集体经营性建设用地入市制度、农村农用地经营权的流转制度，为农村土地使用权交易提供制度保障和市场机制保障。完善规范化的农村土地经营权融资制度，逐步健全农村土地经营权价值评估体系，根据农村土地经营权的特点，建立农村土地经营权抵押机制，完善市场化的农业生产风险分散和保障机制。

附录　基于乡村振兴背景的上仓镇产业升级研究

一、研究背景与研究意义

2017 年，党的十九大报告提出坚持农业农村优先发展，实施乡村振兴战略。产业兴旺是乡村振兴战略的重点，是实现农民增收、农业发展和农村繁荣的基础。2018 年，《中共中央　国务院关于实施乡村振兴战略的意见》发布，随后《国家乡村振兴战略规划（2018—2022 年）》等文件相继发布。天津市高度重视农业农村发展，大力推进农业供给侧结构性改革和产业融合，推进“四区两平台”建设，加快“四个全覆盖”，全面提升现代都市型农业发展水平。

蓟州区上仓镇农业产业基础较好，自然资源丰富，种植的特色农产品包括玉兰菜、火龙果、蛹虫草、草莓等。悠久的历史、漕运文化、红色文化、酒文化为上仓镇旅游业的发展、品牌农产品的打造奠定了坚实的文化基础。交通网络的四通八达，为上仓镇经济发展提供了便利。2017 年 1 月，上仓镇入选市级特色小镇培育名单，其产业发展方向定位于科技服务、生态旅游。2018 年，天津市蓟州区被选为第一、第二、第三产业融合先导区之一。在居民收入水平不断提高、消费升级、乡村振兴战略的大背景下，上仓镇产业发展面临重大机遇。

但目前上仓镇的产业发展存在一些不足，如种植结构仍以大田为主，景区特色不足、基础设施尚不完善，特色农产品品牌影响力有待提升等。如何进一步挖掘当地资源优势，与周边地区协同发展，推动农业与第二、第三产业的融合，打造特色小镇，提高农民收入，建设生态宜居的美丽新农村，值得深入研究，这对实现“五位一体”的乡村振兴具有重要的现实意义。

二、研究现状与文献述评

（一）国外研究现状

国外农业产业发展历史悠久，早在20世纪50年代，国外学者就开始研究农业产业发展相关问题，这得益于国外市场经济体制的成熟，形成了一系列指导农业产业发展的理论基础。英国古典经济学家亚当·斯密和大卫·李嘉图分别提出“绝对优势”理论和“相对比较优势”理论；瑞典经济学家赫克歇尔及其弟子俄林提出“资源禀赋比较优势”理论；巴拉萨根据新古典贸易理论提出外贸优势转移假说，建立“阶梯比较优势”理论；法国经济学家佩鲁提出“增长极”理论，认为经济增长通常是从一个或数个“增长中心”逐渐向其他部门或地区传导，因此应选择特定的地理空间作为增长极，以带动相关部门及周边地区的经济发展；美国哈佛大学商学院迈克尔·波特提出“竞争优势”理论；美国舒尔茨提出“改造传统农业”理论，认为改造传统农业应建立一套适于传统农业改造的制度，从供给和需求两个方面为引进现代生产要素创造条件并对农民进行人力资本投资；美国哈佛大学工商管理学院的戴维斯和戈尔德伯格提出“农业产业化”理论，首次明确了“农业综合企业”的定义，他们认为，农业产业化是存在于农业生产中的供应、生产、销售三者的有机结合，为农业产业的形成、发展、转型、升级奠定了理论基础。在丰富特色农业理论的同时，国外学者在实践研究中取得一些成果，这些成果对我国农业的发展具有一定的借鉴和启示意义。

（二）国内研究现状

与国外相比，我国农业产业升级相关研究起步相对较晚，其主要原因在于，在特色农业兴起和快速发展的20世纪70年代，我国的温饱问题尚未解决，粮食作物是当时的主要种植作物，缺乏特色农业发展的基础。近年来，随着我国农业产业的快速发展，农业产业转型升级的相关研究逐步增多。

1. 产业升级概念界定方面的研究

杨颖（2010）认为，产业转型升级是产业结构高级化的过程，指产业从低附加值向高附加值升级，从高能耗、高污染向低能耗、低污染升级，从粗放型向集约型升级，其本质可以归结为产业结构的优化、产业层次的提升和产业发展模式的转变，最终目的在于转变经济发展方式，提高经济发展质量，提升产业竞争力。费洪平（2017）认为，面对国内生产要素成本上升和消费结构升级的新趋势，面对中国传统比较优势弱化、结构性矛盾加剧、经济下行压力增大的新问题，中国必须改变传统产业转型升级的方向和路径，着力破解各种制约因素和关键环节，推进产业发展由规模扩展向质量提升转变，进一步拓展产业链、提升价值链、完善供应链，加快构建现代产业体系，全面提升产业核心竞争力。

2. 产业升级路径方面的研究

近年来，中国国内学者对农业发展现状及转型升级路径进行了大量研究。孙自铎和汪建国（2002）提出，规模化生产是农业发展及产业转型的途径之一。谷永芬和吴倩（2011）提出，农业产业链升级的主要目标为推动整个产业链的建设更具规范性，推动产业链中的一系列环节能够更紧凑地结合在一起，同时有助于产业链保持有效的经营状态，持续提高产业链中各环节的价值，利用产业链的延伸、拓展和整合，对整个产业链进行改善。张树良（2018）基于凌源农业产业发展状况，提出农业产业转型升级、多元化发展的对策。熊立春等（2018）测度了中国林业产业的结构升级方向和速度，提出中国林业产业结构优化的影响因素。

部分学者从科技创新、金融资本、互联网、品牌等角度，分析农业产业升级。张俊飚和赵博唯（2017）提出通过科技创新、产业品牌培育和产业结构优化，推进绿色食品产业转型升级发展，为农业供给侧结构性改革路径的探索提供经验借鉴。张媛媛等（2018）结合榆林市现代农业发展现状，从选育优良品种、提高农业科技成果转化应用、加强科技人才队伍建设，以及实行严格的产品质量安全认证制度等方面论述了推进农业科技发展、助力农业转型升级相关问题。谭亮（2018）分析了金融资本在农业转型升级中的作用。王琳和吴进明（2018）认为，“互联网+”对现代农业转型与升级的影响体现在农产品的科研与生产、农产品的销售与服务、现代农业产业自身商业价值的提升等方面。罗天平、吴华丽和刘萍（2018）认为，“互联网+休闲农业”是现代互联网技术与传统农业深度融合且高价值开发利用农村资源的新经济模式，提出以互联网为媒介，创新新型休闲农业模式，通过物联网、大数据、云端智能，构建全新的产品经营与营销模式，实现休闲农业模式创新升级转型。杜晓明和罗冲（2018）通过对“互联网+”时代下苏北农业产业链的问题分析，提出“互联网+”时代下苏北农业产业链优化措施，即积极完善与优化网络服务体系；积极提高农业产业链的服务环节，开展合作；积极创新服务模式；完善“互联网+”的农业基础设施，培育农业产业的融合；积极培养专业的农业产业操作风险管理人才。张文超（2017）以日本品牌农业发展为研究对象，探究中国特色农业发展的路径选择。

一些学者针对不同涉农行业的转型升级问题提出观点。王晖和黄晓媛（2018）从强化总体休闲农业政策规划、基于游客体验积极研发新产品、培育休闲农业特色品牌、提升休闲农业从业者综合素质和推进公共服务体系建设五个方面提出基于供给侧结构性改革的休闲农业转型升级策略。高璐和周全（2018）认为，乡村旅游要在模式上创新、内涵上升级、功能上转型。徐邦栋（2017）认为，中国农产品加工业产量高但质量低，面临结构转型问题，产业规模和研发强度的增加有助于农产品加工业价值链的升级。相关研究者还有魏国强（2018）、魏龙霆

(2017) 等。

(三) 文献述评

国内外学者对产业转型升级进行了大量卓有成效的研究，为农村产业转型升级奠定了坚实的理论基础，但针对某一镇域的研究很鲜见。本课题从上仓镇产业发展现状入手，把握其产业发展基础，结合当前政策，对其转型升级的优势、劣势、机会、挑战进行深入研究，并结合先进地区的经验，提出上仓镇产业转型升级的路径和保障措施，对于上仓镇实施乡村振兴战略具有重要的现实意义。

三、上仓镇产业升级的 SWOT 分析

(一) 优势

1. 资源优势突出

(1) 自然资源优势。上仓镇位于天津市蓟州区中南部，地处平原地区。州河流经上仓镇，唐代以来，上仓镇逐渐发展成为漕运主要码头；由于土地肥沃、空气清新、水源洁净、物产丰富，上仓镇古时建有仓敖，故素有“上米仓”之称；出产的主要农产品包括玉米、小麦、蔬菜、水果、驴肉等。上仓镇镇域面积为47 平方千米，耕地面积为4. 5万亩。2005 年，上仓镇投资 1320 万元，对 3 万亩中低产田进行改造。2017 年，上仓镇蔬菜种植面积为 5490 亩，比 2016 年提高了 14. 75%，产量达到 2. 2 万吨。

(2) 文化资源优势。上仓镇文化资源丰富，文化底蕴深厚，历史悠久、源远流长。流经上仓镇的州河形成于唐代，河面宽阔、波涛汹涌、水深数丈，漕运随之兴起。到了明代沿州河沿岸设置了五大仓敖，最北面的仓敖就位于现在的上仓镇，被称为“上米仓”，上仓镇的名字也由此得来。随着水路的发展，漕运兴起，上仓镇经济繁荣、商贾云集，南北货物充沛，素有“州河两岸度春秋”的美称。河西镇村、

东塔庄、仓前庄、田各庄、北刘各庄建立于唐代，距今已有1000多年的历史；程家庄等部分村落建于宋代、元代，距今也有800～900年的历史。上仓镇的历史遗迹有锁链三座塔、八宝琉璃井、八个碌轴桥等。

上仓镇素有“红色之镇”之称。1927年，上仓镇建立蓟州区第一个党支部，许家大院曾是中共蓟县县政府所在地。上仓镇还有上仓惨案遗址、张庄惨案遗址、冀州战勤司令部遗址等。革命烈士胡香圃也是蓟州区上仓镇人。这些成为上仓镇发展红色旅游的基础。

天津渔阳酒业有限责任公司的前身——兴泰德烧锅是上仓镇酒文化的代表。兴泰德烧锅始兴于清朝同治年间，距今已有150多年的历史，其所酿之酒是当时进贡朝廷的全国十大御酒之一。创始人许有泰就是蓟州上仓镇人。烧锅遗址院内有一口深井，曾被誉为京东第一深井。在此基础上，兴泰德烧锅发展成为现在的天津渔阳酒业。2009年，“渔阳酒”入选“中华老字号”。2013年10月，兴泰德烧锅酒酿造技艺被列入天津市非物质文化遗产名录。2016年，渔阳酒业厂区内建起兴泰德烧锅酒文化博物馆。天津挂月酿酒股份有限公司的前身——萧家烧锅位于上仓镇，其以薏苡仁为原料，制造白酒。洞藏酒基地设在“华北第一洞”——蓟州大溶洞，是北方最大的天然溶洞藏酒基地。悠久的历史、漕运文化、红色文化、酒文化为上仓镇旅游业的发展、品牌农产品的打造奠定了坚实的文化基础。

2. 交通便利

上仓镇距离天津市区100千米，距离蓟州区政府所在地15千米，是北方重要的交通要塞。如今，津蓟铁路、津围公路、津蓟高速公路贯穿上仓镇南北，仓桑公路横贯东西，上仓镇紧邻京哈公路，与北京、天津市区、唐山形成“一小时经济圈”，与玉田、香河、三河、平谷形成“半小时经济圈”。交通网络的四通八达，为上仓镇的经济发展提供了便利。

3. 农产品特色鲜明

目前，上仓镇出产的特色农产品主要有蛹虫草、火龙果、金玉兰菜、驴肉、草莓等，其中蛹虫草、火龙果、金玉兰菜是天津，乃至北方地区种植比较少的新优农产品，驴肉是上仓镇历史悠久的特色产品。

2012 年，中滨北虫草生产基地项目在上仓现代农业示范园投资建成，占地达 351 亩，专门从事蛹虫草和珍稀食用菌的人工种植和研究。2014 年，蛹虫草产量为 274 吨，销售收入为 4038 万元，产品销往天津、北京、上海、广州、深圳等地。天津东方中滨农业发展有限公司通过质量管理体系认证，产品获得绿色农产品认证，并于 2014 年荣获第十二届中国国际农产品交易会展产品金奖。

津玖红火龙果种植合作社自中国台湾、厄瓜多尔引进火龙果品种。经过几年的摸索，津玖红火龙果种植合作社掌握了一套适合北方种植火龙果的专业管理技术。目前，该合作社种植火龙果 23 亩，现有 22 个大棚，年产火龙果 9 万斤左右。基地果实生长周期是 60 天，比南方长，且进行熟果采摘，不使用其他方法催熟，因此火龙果口感和营养价值更高。合作社在种植火龙果的过程中不施（使）用化肥、农药，而使用人工除草，目前正在申请绿色食品认证，保证食品安全与品质。合作社出产的火龙果主要通过会员制、旅游采摘、高端水果店等方式进行销售。此外，津玖红火龙果种植合作社发展育苗业务，培育的秧苗成活率较高。近两年每年销售火龙果秧苗 10 万株以上，销售到本市西青区、宝坻区以及北京丰台区等地。育苗业务给合作社带来的收益高且稳定。

东塔驴肉源于清光绪年间，已传承百年，2012 年，其完成商标注册，并获得无公害农产品认证。东塔肉驴养殖合作社位于上仓镇东塔农业园区东部，存栏肉驴约 100 头，2014 年，驴肉产量为 6 万斤，年销售额为 219 万元。天津那年头农业科技发展有限公司在上仓镇建立玉兰菜生产基地，主要种植金玉兰、紫玉兰，并取得有机产品认证。2017 年，玉兰菜种植规模达到 500 亩，销售额达到 4800 万元，出产的玉兰菜供不应求，订单主要供应京津地区的高端酒店和餐厅。2018 年“那年头”品牌被认定为天津市知名农产品品牌。

绿安泰农业合作社和虫虫农场重点发展草莓种植与采摘业务。绿安泰合作社共流转土地140亩，种植品种包括草莓、甜瓜、葡萄、桃、中药材等，其中有10栋二代温室大棚种植草莓。为了减少病虫害、降低风险，绿安泰农业合作社前期投入16万元购买基质种植草莓。为了提高草莓品质和溢价能力，合作社注册了“绿安泰”商标。2018年，虫虫农场利用20个大棚种植草莓，占地面积约21亩。虫虫农场对出产的草莓进行绿色食品认证。温室大棚每亩年产草莓约3000斤。两个合作社的草莓主要通过采摘方式进行销售，40～60元/斤，收益十分可观。

4. 园区示范带动作用强

作为天津市14个市级现代农业示范园区之一，蓟州区上仓现代农业示范园按照政府引导、市场运作、企业带动、农民主体、科技支撑的思路，重点发展食用菌产业、设施蔬菜种植业、生态型养殖业等产业，已有天津东方中滨农业发展有限公司、天津国府金地发展有限公司、天津棋浩食用菌有限公司等入驻。

津蓟高速两侧建成东塔庄设施农业带核心园。津围公路西侧郑家套村建成蓟州区食用菌生产加工科技示范园，被天津市政府列为全市十大农业产业科技示范园区。食用菌生产加工科技示范园与东塔庄设施农业带核心园共占地7000亩，建成温室大棚960栋。蓟州区食用菌生产加工科技示范园年生产白灵菇、双孢菇、草菇、黑木耳等珍稀菌类共计1100万公斤。

上仓镇成立农业开发办、土地流转办，已流转调整土地4000亩以上。在园区的示范带动下，虫虫农场、绿安泰农业合作社、美嘉园火龙果种植合作社等新型经营主体纷纷成立，多种优特新农产品被引入上仓镇进行种植，一些知识青年留在农村进行创业。

5. 工业基础较好

上仓工业园位于上仓镇域内，是2009年经天津市政府批准成立的市级示范工业园区。目前，园区建设初具规模，规划占地面积为10.82平方千米，已完成土地开发面积5.6平方千米，分为“一园两区”；以津围公路以东为东区、津蓟高速路以西为西区形成东西两区同步协调发展的格局。通过改造老企业、引进新企业，上仓工业园增强了企业发展后劲，为上仓镇的工业发展注入新的活力。

上仓工业园已入驻企业84家，重点发展绿色食品、生物医药、新材料、电子制造等产业。现有挂月集团、渔阳酒业、铁路十八局、晟鑫制衣等企业，主要经营酒业、服装、家具、机械制造、仓储保鲜、物流、食品加工等，从业人员达3700多人。总投资5亿元、占地400亩的津酒集团的征地工作已经完成，新津酒落成后将与挂月集团、渔阳酒业组成白酒产业集团，共同打造中国北方最大的白酒之城，年生产白酒可达到2.6万吨。

位于上仓工业园区的天津环湖农业科技有限公司成立于2014年10月，占地2.67万平方米，资产为4500万元。该公司是集深加工及销售于一体的农业科技型企业，核心产品包括金银花、甘薯、枸杞等系列精深加工产品，是中石化易捷销售有限公司、四川白家食品产业股份公司的战略合作伙伴，是天津农科院科技成果转化基地。其主要生产枸杞饮料、金银花颗粒、淀粉、粉丝等。天津环湖农业科技有限公司将饮料技术与淀粉生产技术相结合，通过提取洗淀粉水的有机质，生产膳食纤维蛋白粉，实现对淀粉水的综合利用，提高甘薯加工副产物的综合利用率，大大提高了产品附加值。

6. 休闲旅游业实现突破

2016年，程家庄村先后流转土地500亩，建成集义文化园区、自然观赏园区、果品采摘园区、田园农耕园区和情趣游乐园区于一体的北方江南景区，这是蓟州平原地区少有的休闲旅游景区，极大地满足了部分蓟州区本地百姓、天津市区及周边省份游客的需求。2018年，北方江南景区与郭家沟、蓟州国际度假旅游区共同被评为国家AAA

级旅游景区。

程家庄村是“燕子李三”原型李芬的故乡，通过挖掘本村民国侠士“燕子李三”文化典故，程家庄村建成仿古式建筑“柳溪暨燕子李三纪念馆”。馆内是明清风格的二进式四合院，分为墨缘、大义千秋、魂系桑梓和正本清源四个展厅。2018 年初，程家庄村建成村级党史教育观、农史馆。2018 年，程家庄村的集体年收入达到 500 万元，村民人均收入达到 2.5 万元。

（二）劣势

1. 种植结构仍以大田作物为主

2015 年，天津市按照减粮、增菜、增林果、增水产品的“一减三增”思路，大力实施农业结构优化调整。蓟州区以“一减三增”为抓手，将粮食种植面积调减到了 30 万亩，农业种植结构调整深入推进。上仓镇也对农业种植结构进行了调整。如附表 1 所示，2017 年，上仓镇蔬菜种植面积达到 6300 亩，比 2016 年提高了 16.58%。但目前上仓镇主要作物仍为大田作物，主要品种为玉米和小麦。2017 年上仓镇的粮食作物种植面积为 5.39 万亩，尽管与 2016 年相比下降了 8.5%，但仍占其耕地面积的 50% 左右；2017 年的粮食作物种植面积是蔬菜种植面积的 8.5 倍。与天津市整体相比，天津市的蔬菜产量为粮食产量的 1.74 倍；上仓镇蔬菜产量低于粮食产量，为粮食产量的 88%。上仓镇“一减三增”种植结构调整尚不理想。

附表 1　2017 年各地区农作物种植面积及产量

地区	粮食种植面积（万亩）	产量（万吨）	蔬菜种植面积（万亩）	产量（万吨）
天津市		212.02		367.87
#蓟州区	82.4	32.63		43.03
#上仓镇	5.39	2.49	0.63	2.19

资料来源：笔者根据《2017 年天津市国民经济和社会发展统计公报》、2017 年第四季度蓟州区农业数据、上仓镇调研数据整理得出。

2. 景区特色不足、基础设施不完善

上仓镇发展平原旅游比较困难。大多数游客在景区停留时间较短，在景区内吃饭的较少，住宿的更少。景区缺乏特色，缺乏叫得响的“点”，与其他景区相比竞争力不高。2018 年，景区引进水上游乐设施，但与专业的游乐景点（如“水立方”“欢乐谷”“方特水世界”）相比，游乐设施稍显简易、游乐区规模较小，游乐设施种类少。因此，目前游客以蓟州区本地的百姓为主。

目前，燕子李三纪念馆仅设有照片、文字讲解、少量物品和蜡像展示。由于展示的物品、蜡像等缺少震撼力、场馆为后期重新选址仿古建设，且馆内缺少互动体验环节、创新较少，因此其对游客的吸引力不强。

连接津蓟高速的仓桑出口、津围公路与北方江南景区的仓桑公路是进入上仓镇的主干道，双向两车道通行。但津蓟高速出口与仓桑公路的丁字路口没有红绿灯，到上仓镇需要左拐进入仓桑公路，存在一定的安全隐患。而且，仓桑公路程家庄村路段两侧的建筑、路标缺少整体设计、绿植较少，因此道路及其便道需要进行改造修整，整体环境需要进行提升改造。

3. 品牌影响力有待提高

2018 年，上仓镇被授权的天津市知名农产品品牌有 2 个，分别是产品品牌“中滨蛹虫草”和企业品牌“那年头”，占天津市品牌农产品的 2.4%，占蓟州区的 10%。本书调研发现，上仓镇整体品牌影响力不大。截至 2017 年末，天津市 35 个地理标志农产品中，蓟州区有 6 个，上仓镇没有获得地理标志认证的农产品。2018 年，天津市认定的知名农产品品牌中，上仓镇的农产品没有获得授权的区域公用品牌。

上仓镇的一些特色农产品和休闲观光园区主要满足蓟州区当地百姓的需求，还有一部分特色产品销往天津其他地区和北京、河北。东塔驴肉历史悠久，但其品牌影响力不大，主要销售目的地为北京和天津。上仓镇注册了商标“上米仓”，但是该商标还没有真正投入使用，商标在使用的实际操作中还存在很多困难，如商品检验、商品遴选、退出机制等。

目前，上仓镇的农产品品牌主要是借助展会进行宣传，少数品牌通过电视、广播进行宣传，宣传力度仍然不够，相关部门尚未有意识地利用媒体广告、公关宣传、新媒体等对品牌进行全方位塑造。仅有的品牌宣传内容千篇一律，缺少创新，仅限于推销农产品；宣传技术和手段相对比较落后，多是散发产品的简介资料等。

4. 农业园区配套设施不完善

多数温室大棚已使用了十年时间，由于设计、建设得比较早，近年来资金投入不足等原因，无法满足当前一些新品种种植的要求。津玖红火龙果种植基地租用园区 22 栋大棚种植火龙果，但这些温室大棚保温效果较差，不适合热带和亚热带水果的种植。每年 11 月至来年 2 月是火龙果盛果期，但这四个月也是北方最冷的时间段。由于大棚保温性能较差，因此夜间大棚内温度过低，导致火龙果产量较低，减少了种植基地的收益。

三次产业融合发展离不开配套设施的完善。园区内的多家合作社准备在园区内开展预冷、分选等农产品初加工业务，也尝试开展了亲子活动、农事教育、DIY 体验活动等产业融合发展项目，但苦于缺少配套设施和空间，无法满足合作社自身与游客的需求，活动组织比较困难。东塔肉驴养殖基地也存在类似问题，满足不了当前消费者精品化、高端化的需求。园区配套设施提升改造、国家相关政策落实，需要进一步夯实。

5. 地产农产品加工少

目前蔬果、红薯等农产品以鲜食为主，加工过程少，少量红薯被加工成红薯干，缺少分选、清洗、剪切、预冷等产地初加工设施。很多农户考虑保鲜的成本，选择采后直接批发的方式销售农产品。南孙各庄村的绿安泰合作社种植中药材90亩左右，但由于缺少剪切、烘干、储藏、保鲜的加工技术和设备，中药材采后只能直接批量销售给采购商。合作社虽然通过订单生产的方式，与采购商签订采购订单，约定收货时各类中药材的价格，再进行种植，但由于缺少话语权，中药材销售价格只能随行就市，尤其是大宗中药材市场流通渠道长、交易成本高，价格波动比较大，若遇行市不好，种植收益难以提高。

周边地区果蔬产品深加工企业少，已有的食品加工企业冻干技术不成熟，因此冻干火龙果、冻干草莓业务没有发展起来。

（三）机会

1. 居民收入水平提高

2011—2017年，中国居民收入水平迅速增长，人均年收入水平平均增长8.5%，超过世界平均水平（3.7%）。2017年，中国人均可支配收入为2.6万元。2017年，天津市居民人均可支配收入为3.70万元，增长8.7%；全市居民人均消费支出为2.78万元，增长了6.6%，其中教育文化娱乐消费支出增长12%、食品烟酒消费支出增长7.8%。如附表2所示，2017年，蓟州区城镇居民人均可支配收入为3.12万元，与上年相比，提高了8.5%；农村居民人均可支配收入为2.08万元，增长了8.4%。上仓镇居民人均可支配收入快速增长，2016年提高到1.96万元。

蓟州区紧邻消费能力较强的北京和唐山，居民人均可支配收入增长迅速。2017年，北京市城镇居民人均可支配收入增长9%，达到6.24万元；农村居民人均可支配收入达到2.42万元，增长8.7%。唐山市城镇居民人均可支配收入达到3.64万元，增长8.0%；农村居民人均可支配收入达到1.62万元，增长8.0%。人均可支配收入的增长为消费升级提供了强劲动力。

附表 2　2016—2017 年北京、天津、唐山人均可支配收入水平及增长率

地区	2016 年		2017 年			
	城镇居民人均可支配收入（万元）	农村居民人均可支配收入（万元）	城镇居民人均可支配收入（万元）	增长率（%）	农村居民人均可支配收入（万元）	增长率（%）
天津市	3.71	2.01				
#蓟州区	2.87	1.92	3.12	8.5	2.08	8.4
北京市	5.73	2.23	6.24	9.0	2.42	8.7
唐山市	3.37	1.50	3.64	8.0	1.62	8.0
全国	3.36	1.24	3.64	8.6	1.34	8.6

资料来源：笔者根据 2018 年《天津统计年鉴》《北京统计年鉴》《唐山统计年鉴》和《2018 年天津市国民经济和社会发展统计公报》及 2017 年第四季度蓟州区商业、外贸、建筑业、固定资产、旅游、居民生活水平情况等数据整理得出。

2. 消费不断升级

随着居民收入水平和生活水平的不断提高，居民的物质消费由传统消费到新兴消费、由数量消费到质量消费提升。城乡居民对农产品品质的要求越来越高，消费需求由“吃饱”向“吃好”转变；工业化、城镇化的快速发展，使城乡居民烹饪时间减少，居民对食品及其购买渠道便捷化的要求与日俱增；营养、安全、美味、健康、便捷、高端的食品成为消费潮流。消费升级成为推动农业产业转型升级的动力。

同时，消费遵循从物质消费到服务消费的路径升级。随着居民生活水平的提高，城乡居民对休闲旅游的需求大幅度增长。《2018 年上半年旅游经济主要数据报告》显示，2018 年上半年，中国国内游人数达到 28.26 亿人次，同比增长 11.4%；国内旅游收入达到 2.45 万亿元，同比增长 12.5%。2017 年，天津市居民教育文化娱乐消费支出增长 12%。《2017 国庆中秋长假旅游趋势报告与人气排行榜》数据显示，2017 年，北京市居民假期旅游人均消费为 7033 元，排在全国第 2；天津居民假期旅游人均消费为 4622 元。

蓟州区作为天津市的后花园，是本市及周边省份居民的主要休闲旅游目的地。如附表3所示，2017年，蓟州区旅游接待人次2392万人次，与2016年相比提高了14.7%，超过了天津、北京、唐山等地区的人均可支配收入的增长率。2017年，蓟州区旅游收入为26.13亿元，比2016年提高了19.2%。

附表3 2017年蓟州区旅游接待人数和旅游收入

分类	数量	增长率（%）
旅游接待人数	2392万人次	14.7
旅游收入	26.13亿元	19.2

资料来源：笔者根据2017年第四季度蓟州区商业、外贸、建筑业、固定资产、旅游、居民生活水平情况数据整理得出。

3. 特色小镇建设

2016年，住建部、国家发展改革委、财政部联合发布通知，决定在全国开展特色小镇培育工作。特色小镇不仅可以带动当地经济的发展，也可以吸纳小镇周边部分农村居民就业。

2016年，《天津市特色小镇规划建设指导意见》发布并提出本市在示范小城镇基础上开展特色小镇建设，“力争到2020年，创建10个实力小镇、20个市级特色小镇，上述30个小镇达到花园小镇建设标准；每个区因地制宜自主创建2~3个区级特色小镇”。2017年1月，上仓镇入选市级特色小镇培育名单，产业发展方向定位于科技服务、生态旅游。

按照《天津市特色小镇规划建设指导意见》的要求，天津设立市级特色小镇专项补助资金，将原示范小城镇市财政预算内补助每年资金中的7000万元全部纳入市级特色小镇专项补助资金，形成资金池。此外，《天津市特色小镇规划建设指导意见》提出了土地政策、人才政策、贷款融资政策等政策措施，为特色小镇的建设提供了强有力的政策支持。

4. 农业扶持政策

2015年11月，中央经济工作会议上，习近平总书记突出强调了供给侧结构性改革。2016 年、2017 年的中央一号文件均围绕农业供给侧结构性改革，从供给侧角度强调要解决农业、农村、农民的结构性问题。

2017 年，党的十九大报告提出“乡村振兴战略”。2018 年，中央一号文件《中共中央　国务院关于实施乡村振兴战略的意见》发布。2018 年 5 月，中共中央政治局召开会议，审议《乡村振兴战略规划（2018—2022 年）》。《乡村振兴战略规划（2018—2022 年）》按照产业兴旺、生态宜居、乡风文明、治理有效、生活富裕的总要求，对实施乡村振兴战略做出阶段性谋划，提出乡村振兴战略“三步走”时间表。

为了实现乡村振兴战略，国家相关部委相继发布《全国农产品加工业与农村一二三产业融合发展规划（2016—2020 年）》《关于大力发展休闲农业的指导意见》《中共中央办公厅　国务院办公厅关于加快构建政策体系培育新型农业经营主体的意见》等多项政策。2018 年 10 月，国家发展改革委、财政部、人力资源和社会保障部等十三个部门联合印发《促进乡村旅游发展提质升级行动方案（2018—2020 年）》，重点补齐乡村旅游道路和停车设施建设短板，推进农村人居环境整治，扩展融资渠道，加大配套政策支持等。

天津市推出培育新型农业经营主体、品牌农业及第一、第二、第三产业融合等方面的多项政策、实施方案和指导意见。2018 年，天津市蓟州区被选为一、二、三产业融合先导区之一。农业部《关于支持创建农村一二三产业融合发展先导区的意见》指出，一二三产业融合先导区将享受资金扶持、用地保障等方面的支持政策。

5. 京津冀协同发展不断推进

2015 年，《中华人民共和国国民经济和社会发展第十三个五年规划纲要》指出：“以区域发展总体战略为基础，以‘一带一路’建设、京津冀协同发展、长江经济带建设为引领，形成沿海沿江沿线经济带为主的纵向横向经济轴带。”同年 4 月，《京津冀协同发展规划纲要》审议通过，对京津冀协同发展进行了明确定位。

京津冀协同发展战略中，世界级大都市群——京津冀都市群加快形成，天津现代都市型农业发展迎来难得的历史机遇期。农业协同发展是京津冀协同发展的重要内容。2016 年，财政部等八部门联合印发《京津冀协同发展规划纲要（2016—2020 年）》，加快建设都市现代农业区，辐射带动高产高效生态农业区。同年，京津冀三省市农业主管部门签署《京津冀休闲农业协同发展框架协议》。

2017 年，天津市与农业部签署合作框架协议，加快推进天津市农业供给侧结构性改革，提升现代都市农业发展水平，促进京津冀农业协同发展。2018 年，《京津冀农产品加工业发展规划（2018—2020 年）》发布，并明确了京津冀农产品加工业的布局和主要任务。

（四）挑战

1. 周边地区的竞争

上仓镇周边省份、天津市其他涉农区、蓟州区其他乡镇的竞争比较激烈，上仓镇如何突出特色、实现差异化发展是亟待深入思考和解决的问题。

（1）来自周边省份的竞争。北京农业功能定位为都市型农业，农业科研投入与产出、科技成果与科技应用居全国首位。北京传统农业规模明显下降，休闲农业、设施农业、会展农业发展较快。通过世界种子大会、农业嘉年华、农事节庆等活动，北京打造了一批休闲观光农业和文化传承农业示范区。2016 年，北京观光园接待游客 2250 万人次，收入达到 28 亿元。北京汇聚了大量高端农业院校和科研机构，培养了数以万计的高素质农业人才；北京农业的发展为大批农业人才提供了就业岗位，形成良性循环。

北京面积为 1.6 万平方千米，其中有 62% 为山区。为破解山区发展瓶颈，北京提出以生态保护为前提的沟域经济发展模式。截至 2016 年底，北京市的沟域建设市级财政支持资金共计 7 亿元，带动社会投资共计 145 亿元，实施沟域工程项目达 1160 个，集中培育了四季花海、白桦谷、酒乡之路、绿海红歌等一大批特色沟域。2016 年，北京市级建设沟域内的农民人均收入突破 2.31 万元，同比增加 11%①。

河北省自然资源丰富、物产齐全，是世界公认的葡萄、落叶果树最适宜生长的区域和优质奶源区之一，自然条件得天独厚。出产的农产品品种与天津市近似。河北省地处环渤海区域核心地带，环都市经济圈的打造为其农产品的流通创造了良好的条件。作为中华民族的发祥地之一，河北省历史悠久，拥有 200 万年前古人类活动遗迹——泥河湾遗址、中华民族发源地——涿鹿，拥有优美的自然风光，红色旅游景点有西柏坡、白洋淀、地道战遗址、狼牙山等，为旅游业的发展提供了丰富的资源。

（2）来自天津市其他区的竞争。天津仅蓟州区北部为山区地带，其他区与上仓镇一样，为平原地带。静海区、宝坻区、武清区、宁河区都是天津市各区中农业发展具有一定规模优势的辖区，特色农产品较多，农业、休闲旅游发展较好。静海区团泊镇团泊湖景色优美，体育、生态产业发展迅速，入选天津市团泊休闲特色小镇。宁河区凭借蘑菇种植科技优势，建设了齐心亲子蘑法小镇；七里海河蟹为中国地理标志产品，远近闻名，河蟹垂钓园吸引了众多京津冀地区的游客。宝坻区凭借温泉自然资源，打造了京津新城温泉小镇；潮白河景色优美、物产丰富。

环城四区距离市区近，交通便利，市民可以利用半天时间进行休闲观光、采摘等。例如，西青区的水高庄园、北辰区的龙顺庄园等。津南区和西青区具有突出的文化优势，创建葛沽民俗文化小镇和杨柳青文化旅游小镇。滨海新区渔业特色比较鲜明，靠近大海，交通便利。茶淀葡萄为天津市地理标志产品，茶淀葡香小镇被评为市级特色小镇。这些特色小镇特点十分突出，反观上仓镇围绕科技服务和生态旅游培育的特色

① 北京发展沟域经济打通京津冀山区［EB/OL］. http://jingcheng.qianlong.com/2017/0527/1724253.shtml.

小镇，其特色并不明显。其他农业区对上仓镇农业和生态旅游业的发展形成明显的竞争。

（3）来自蓟州区其他镇的竞争。蓟州区的地理标志农产品较多，如盘山磨盘柿、黄花山核桃、州河鲤、红花峪桑葚、天津板栗、桑梓西瓜等，其种植历史悠久、优势明显，其中大部分地理标志农产品产自蓟州区北部山区，而上仓镇没有地理标志产品。2017 年发布的 83 个天津市知名农产品品牌中，蓟州区的“那年头”、蓟牧润兴、中亿白灵等 10 个品牌入选，其中上仓镇有 2 个品牌入选，其余品牌来自东施古镇、下营镇、西龙虎峪镇等。罗庄子镇红香酥梨虽未入选天津市知名农产品品牌，但其采用幼树栽种和劣质梨树嫁接方式进行推广种植，实现年产值 2400 万元。

与位于北部山区的乡镇（如罗庄子镇、马伸桥镇、下营镇等）相比，上仓镇竞争力不强，在蓟州区平原地带发展旅游，对市民的吸引力不足。市民到蓟州区旅游的主要目的是感受山中的文化和民俗（如皇家文化、佛家文化、道家文化）、欣赏山中美景、呼吸新鲜空气。下营镇充分利用其山野特色，如山景、水景、民俗，打造山野运动休闲旅游小镇。2017 年，下营镇入选第二批全国特色小镇。正是山区的特色，才让市民感觉旅行与平日生活的巨大差别，产生更大的旅行兴趣。而上仓镇发展平原旅游的困难比较大。

2. 专业人才缺乏

懂技术、善经营的青年职业农民少。从事农业人员的年龄基本在 50 岁以上。年轻人多到工业园区和市区打工，留在农村的年轻人比较少。合作社农业技术人才缺乏，不少合作社都是“摸着石头过河”，一边种植、生产，一边学习。很多合作社尚未与高校、科研院所建立长期、有效的合作关系。运营管理人才比较缺乏，尤其是销售、策划、电商人才比较少。虫虫农场的经营者年轻有活力，但其刚开始从事农业，农业知识、电商知识仅依靠自学，农场其他员工年龄基本在 50 岁左右，有一定的种植技术和经验，但缺少运营知识。整体来看，合作社、企业、政府部门对农业技术人员、管理人员和运营人员长期、定向、有针对性的指导和培训比较缺乏。

四、先进地区农业产业升级的经验借鉴

（一）重规划

农业农村发展先进的国家和地区非常重视规划和顶层设计。例如，我国台湾地区非常重视对休闲农业的规划。20 世纪 90 年代开始，台湾地区相继设立了“发展休闲农业计划”“休闲农业区设置管理办法”“休闲农渔园区计划”等，对农场、农园、民宿、景点进行整合，建立休闲农渔园区。相关单位代表（农业企业、旅游业企业、农业合作社、农场等）、各领域专家学者（农业农村、民俗文化、园林园艺、自然资源保护、旅游观光、社会心理等）构成“休闲农业咨询小组”，执行休闲农业规划设计。如飞牛牧场的规划以“三生一体”（生活、生产、生态）、“三育并重”（培育、保育、教育）为出发点，发展休闲农业。

浙江省丽水市的农业自然资源优势得天独厚，农产品种类多，农业品牌达到 2000 个以上，但这些农业品牌的发展没有形成合力。在此背景下，“丽水山耕”农业区域公用品牌诞生。在顶层设计方面，丽水市在品牌农业的基础上将丽水农业定位为生态精品农业，坚持以品牌引领农业产业的发展；委托专业团队，对品牌命名、品牌定位、品牌理念、符号系统、渠道构建、传播策略进行全面策划。2014 年，《丽水市生态精品农产品品牌战略规划》发布，完善了品牌农业发展的顶层设计，为“丽水山耕”品牌的后续发展奠定了基础。

（二）重品牌

随着国内外农业领域竞争的日益激烈，创建品牌成为农业发展的必然趋势。品牌农业的发展能够提高农产品的市场认知度，促进农产品销

售，提高农产品溢价，从而提高经济效益。日本、美国、法国等较早开始农业产业化和品牌化发展，将品牌建设作为参与全球农业竞争的国家战略。

1. 打造区域品牌

日本实施的“一村一品”战略，探索了一条日本“品牌农业”发展的道路。“一村一品”战略以“集体”为单位，各地按照当地特色建立农产品品牌，在政府制定的统一标准下进行生产，对符合生产标准的农产品进行认证，各地政府统一出资对“一村一品”品牌进行宣传和销售。日本“一村一品”营销战略品牌定位明确，品牌特色鲜明，营销思路统一，逐渐在消费者心目中树立具有不同特色的品牌农业形象，有效提升了本土农产品的竞争力，如新潟越光米、高山苹果、松阪牛肉等。

2. 严格控制质量

日本农业品牌营销始终坚持高端、高质量的定位，因此日本国民更加偏爱本国生产的农产品。严格的质量控制管理和标准化生产程序保证了日本农产品的高品质定位。日本对农产品选育、生产、加工的要求十分精细和严格。例如，在葱的种植中，从品种、种植到收割，日本制定了详细的规范，葱的长短、粗细、颜色都有相应的标准。秀果园的葡萄种植要求十分精确和严格，要求每片叶子对应一个葡萄珠，通过叶子的状态分析葡萄生长情况。松阪牛肉对肉牛饲养、牛肉成品加工要求极为严格，因此松阪牛肉品质极高、口感极佳；尽管价格昂贵，但深受消费者喜爱。

法国将农业标准化建设与农业品牌战略相结合，以质量认证为基础，质量管控十分严格，制定了一系列产品认证体系，如“原产地命名控制认证体系”（AOC 认证）。AOC 认证体现了农产品与产地的密切联系，表明该农产品在地理环境、气候环境、种养技术、经营管理方面的优势明显、产品品质优良。法国著名的葡萄酒 AOC 认证，对土壤、葡萄品种、种植技术、酿造方法、储存、标识、酒精含量都做出严格的规定。

3. 注重宣传推广

宣传推广是产品市场营销中十分重要的环节。加大宣传推广的力度，能够提升品牌价值。美国“新奇士”、新西兰“佳沛”均是农产品品牌营销的成功典范。

佳沛奇异果成功的关键之一，是不再遵循过去自然经营的模式，而是成立公司，对其进行质量控制、品牌宣传、渠道建设、产品研发创新。相关企业从品种选育、果园生产、包装、冷藏，到运输、配售以及广告促销等环节，进行统一指挥、统一协调、统一管理、密切配合。以统一的品牌和单一的窗口，统一在全球进行销售。目前，佳沛奇异果销售到了全球70多个国家和地区，中国成为佳沛全球最大的市场之一。2017年，佳沛在中国的销售额超过5亿新西兰元（约合22亿元），较2016年同期增长17.4%。

在销售渠道建设上，佳沛新西兰奇异果国际营销公司派遣区域经理在全球各地寻找代理商，选择超市和高档水果店作为其主要销售终端。在品牌推广上，佳沛奇异果始终围绕“纯净活力”的品牌核心价值，突出健康、活力的品牌个性，强调奇异果丰富的营养价值和纯天然的生长环境。在宣传手段上，佳沛奇异果通过公益营销活动、主题活动、电视节目植入、卖场试吃、电视广告等方式推广产品、品牌和价值理念。

在休闲旅游产品方面，日本政府加大力度保护与宣传农村生活与文化，通过项目推动的方式，积极推广休闲旅游项目和特色农产品。法国具有完善的营销体系，强调市场开发与客户定位，通过网络平台开通旅游咨询功能等多种渠道，进行相关品牌宣介和推广。

（三）重特色

根据农业资源、文化资源、地理条件等因素，选定主题，围绕主题进行形象包装、环境营造、设施建造、文创产品设计等。

1. 突出主题

突出主题，特色鲜明。我国台湾地区的飞牛牧场经营面积达到120

公顷，服务设施面积达到50公顷。飞牛牧场以奶牛、蝴蝶为主题，牧场内建有乳牛生态区、蝴蝶生态区、可爱动物区、水域生态区和登山步道。在飞牛牧场，游客可以种植蔬菜、喂养动物、体验农场生活。飞牛牧场不仅将牛奶制成酸奶等休闲食品，还研发了牛奶火锅。飞牛牧场将环境生态理念融入游客食、住、游、购的各个环节，游客游憩区建有烤肉区、露营区、住宿区、餐厅、纪念品店、乳制品专卖店、会议室等，游客可以在牧场内烤肉、露营、住宿，享用牧场自产的乳制品等。

2. 文化特色鲜明

长野县小布施町是日本著名的甘栗产地，是长野县内最小的城镇，人口约1.2万人。小布施町历史悠久，文化特色鲜明，形成独特的“小布施文化”。小布施町土壤呈酸性，适宜种植甘栗，其江户时期就以盛产甘栗而闻名。小布施町生产的甘栗品质优良、甘甜软糯。1808年，小布施老店“樱井甘精堂”第一代传人以甘栗为原料，制作了点心——“栗落雁”。1819年，“栗羊羹”诞生。19世纪末，商家“小布施堂”开始制作栗子点心——“栗子鹿子饼”。

如今的小布施町除了樱井甘精堂、小布施堂外，以甘栗为原料的糕点甜品店还有很多，如竹风堂、松仙堂、岩崎等，销售的产品包括各种甘栗点心、甘栗冰激凌、甘栗酒、甘栗图案的手工艺品等。此外，樱井甘精堂还配有餐饮店售卖栗子糯米饭、提供餐饮服务。小布施町保留原有建筑风貌，突出甘栗特色，形成区域品牌。以甘栗为核心的特色小店、江户风格的建筑、丰茂的栗树林，每年吸引着上百万以上的游客造访小布施町。

（四）重融合

产业融合主要体现为农业与加工业、餐饮业、旅游业、文化教育产业的融合。上文提到的飞牛牧场、甘栗特色小镇，都很好地体现了第一、第二、第三产业的融合，此外，还有很多产业融合的典型。

1996年日本提出农业六次产业概念，其内涵是农业生产向第二、第三产业延伸，通过三产融合，让农民分享第二、第三产业创造的利润，促进农业的可持续发展和多样化发展。2011 年，日本正式实施《关于农林牧渔业从业者充分利用地域开创新事业以及促进地区农林水产品生产的法律》（又称为“六次产业法”）。该法律旨在使农林牧渔业从业者通过生产、加工、流通和销售一体化的方式提高产品附加值；鼓励农产品加工业、旅游观光产业等参与农林牧渔业。在六次产业发展中，68.5% 的日本农民选择农产品加工方式①。日本《六次产业化综合调查》显示，六次产业法实施的第二年，即 2012 年，日本农产品加工销售额和农产品直接销售额分别比 2011 年上涨了 5.6% 和 6.6%。

日本 mokumoku 农场以猪、自然、农业为主题，突出农场种植养殖特色，是集农业观光、生产度假、研发生产、加工制作、餐饮服务、产品销售于一体的农业全产业链农场。mokumoku 农场以亲子教育为出发点，整个农场分为购物区、餐饮区、住宿区、休闲娱乐区四大区域；通过休闲观光、DIY 体验、特色商品展示与销售、农场餐饮服务、科普教育、度假住宿等方式，将农业各个环节与旅游产品进行无缝衔接，实现第一、第二、第三产业的深度融合。

在法国的葡萄酒庄园，游客不仅可以参观葡萄园和酿酒作坊，还可以参加农业体验活动，参与酿制葡萄酒的全过程，亲自酿酒并将酒带走，享受劳动的乐趣。我国台湾地区精致农业不仅体现在种植养殖层面，也体现在农产品深加工方面。通过研发农产品加工技术，一些企业实现农产品精深加工，延长农业产业链，提高农产品附加值，增加收入。中国台湾的“七里香植物工厂”将玫瑰花加工成精油、洗面奶、香皂、面膜等日化产品。“卓也小屋”利用蓝草提取天然蓝色染剂，并用自制蓝布开发成衣、箱、包、扇、镜、装饰品等；开发了素食全宴。“花露农场”“薰衣草森林”开发了植物精油、香包、护肤产品、驱蚊

① 张益，胡盛红，宋启道．日本六次产业化对中国农村三产融合的借鉴和启示[J]．中国经贸导刊（理论版），2017(26)：13－14.

产品等。蔺草的故乡——苗栗苑里——利用蔺草编制别具特色的饰品和手工艺品，其产品世界闻名。

产业融合发展离不开创意创新。实现农业与文创产业融合，可以利用农村的生产、生活和生态，研发设计具有创意、创新构思的农产品或活动，将农业产前、产中和产后连接为完整产业链条，大大提升现代农业的价值。“创意＋”使农业改变过去传统、粗放的生产方式，向精致、有趣、创新的多元生产方式转变。国外的创意农业开发较早，已形成创意农业的标志产品，如美国巨型草莓酥饼、荷兰花车巡游、法国普罗旺斯薰衣草景观、德国慕尼黑啤酒节等。从 2000 年开始，日本每三年举办一次大地艺术节，将艺术作品与稻田种植过程相结合，形成著名的日本稻田艺术，使艺术融入越后妻有地区。稻田收割后，秸秆变废为宝，经过精心加工，人们用秸秆作画、做成麦秆椅凳，价格不菲。当然，创意能够发挥作用的前提是具有高质量的产品，脱离了优质的产品，创意就是无源之水、无本之木。

产业融合发展模式见附图 1。

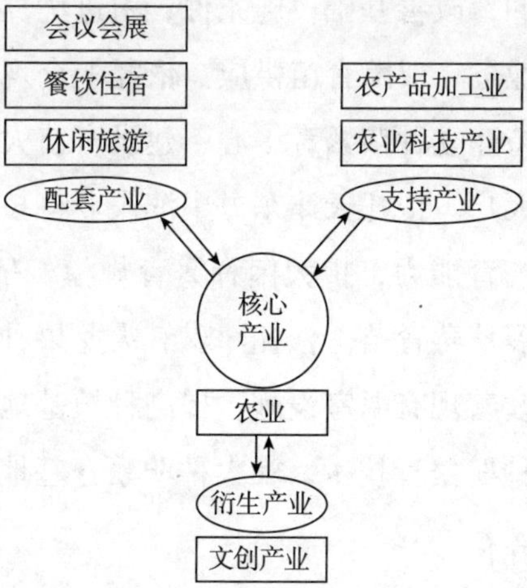

附图 1　产业融合发展模式

五、基于乡村振兴背景的上仓镇产业升级的路径

（一）农业特色化

按照“一减三增”指导思想，上仓镇改变全镇以传统农业为主的现状，大力引进菜、果、菌、花卉等名、优、新、特品种，调整农业种植结构，积极走特色农业发展之路。

上仓镇根据产值原则、集约化原则，围绕龙头企业、突出农产品特色，建设名优特新农产品生产基地。依托天津东方中滨农业科技有限公司，推广菌菜轮作、立体种植。依托绿安泰合作社和郑家套村设施大棚，推广秧苗繁育、果菜间作、瓜菜果立体种植。改善津玖红火龙果种植基地温室大棚的条件，提高大棚的保暖性能，进而提高火龙果育苗能力，带动周边地区农户的生产积极性。突出东塔驴肉的特色，通过第一、第二、第三产业融合，壮大产业规模。依托渔阳酒业和挂月酿酒股份有限公司，适当发展酿酒专用品种作物的种植，建设酿酒专用品种种植基地。

向上游产业延伸，改善基础设施条件，引进优良品质，培训农业技术人员，发展育苗业务、保障育苗供应。依托上仓现代农业示范园的基础设施和政策，扶持建立种苗繁育中心，建设育苗大棚，培育一批规模化育苗工厂、育苗大户。依托天津东方中滨农业科技有限公司，发力菌种研发，提高菌种繁育能力，扩大菌种繁育规模。依托绿安泰合作社，建设育苗大棚，发展草莓育苗。依托津玖红火龙果种植基地，增加火龙果育苗温室大棚，改善现有温室设施，提高种植基地育苗能力。提高东塔肉驴养殖基地的种驴繁育技术，壮大种驴繁育基地。

（二）产业融合化

提升产地初加工程度，开发特色农产品精深加工，结合休闲旅游，打造“互联网 +”特色农业；延长农业产业链、提升价值链、完善利益链，促进第一、第二、第三产业融合，推动新业态、新模式、新动能的形成。

1. 加强产地初加工

产地初加工联结农产品生产、流通及其精深加工，是农业产业链的重要组成部分。产地初加工能够大大减少产后损耗，延长农产品销售时间，有利于保持价格稳定，形成特色优势产业集群，提高农民收入。上仓镇应加快形成“生产—初加工—存储—市场”和“生产—初加工—存储—精深加工—市场”等产业发展模式，扩大产地初加工覆盖范围和产品品类。

落实《天津市人民政府办公厅关于进一步促进我市农产品加工业发展的实施意见》，完善特色优势农产品采后初加工设施的配备，加强采后初加工检验与培训，提升冷链物流水平。以合作社、农业企业和种养大户为主要扶持对象，增加果蔬净菜、产地预冷、保鲜、分选分级的农产品初加工设备，加强相关人员的采后初加工培训。与科研院所加强合作，加强对驴肉、蛹虫草、金玉兰菜、火龙果、草莓等农产品产后处理技术的研发和引进。

2. 开发特色农产品精深加工

依托天津环湖农业科技有限公司、渔阳酒业等农产品加工企业，开发特色农产品精深加工。搭建合作社、农业企业与天津环湖农业科技有限公司等农产品加工企业的合作平台，开发以火龙果、草莓、虫草为原料的饮料、果酒和保健品生产技术，发展农产品的精深加工，提高农产品附加值。推动农产品及其副产物的资源化利用。例如，红薯叶、红薯梗，可以经过分拣、清洗、剪切、烘干、包装，制成药材或茶进行销售，发挥其药用价值。

3. 农旅文融合发展

上仓镇依托现有的合作社、农业企业、种养大户，使农业与休闲旅游相融合，发展观光采摘、农事教育、DIY 体验等多种形式的活动。东塔肉驴养殖基地重点发展休闲牧场，开展餐饮、驴肉加工品等特色商品销售、休闲观光、农事体验、加工 DIY、特色人文活动体验等。挖掘东塔庄年糕、驴打滚等特色食品的历史渊源，大力发展特色食品制作，打造特色品牌。打造集生态种植养殖、休闲度假、娱乐互动于一体的“农特产品＋休闲观光＋农事体验＋特色人文”的“农旅文”融合创新模式（见附图 2）。

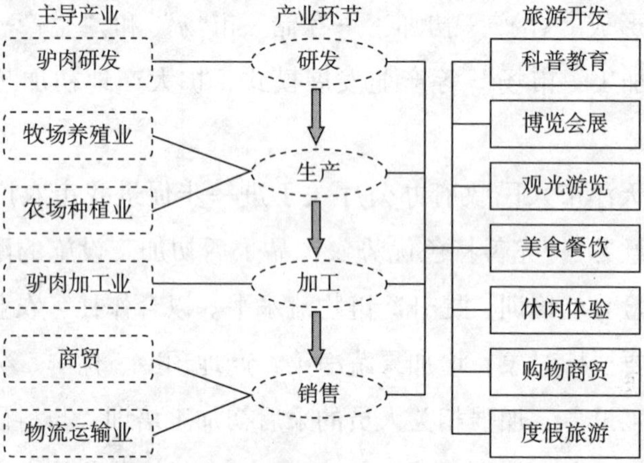

附图 2　田园综合体发展模式

上仓镇以天津东方中滨农业科技有限公司、津玖红火龙果种植基地、绿安泰合作社、虫虫农场为主体，重点发展休闲农业，拓展游览项目，由目前的“种植＋观光采摘”向“种植＋观光采摘＋农事体验＋科普教育”方向发展。

（三）信息化

利用信息技术，加快上仓镇产业转型升级，推进农业信息化建设。一是发展特色农产品和休闲游产品的电子商务，着力健全和完善经营体系。大力引导农业企业、专业合作社与天猫、京东、携程、美团等电商平台的对接、注册网店等相关工作，通过微信、微博、短视频等自媒体营销平台塑造互联网农旅品牌，开展网上销售，拓宽农产品销售渠道。二是利用信息技术，提升特色农业生产的信息化水平。利用智能大棚设施、智能农业机械收集农业生产现场的光照、温度、湿度、农产品生长状况等数据，通过大数据、云计算等技术，实现精准化施肥、精准化采摘收割，有效防控病虫害和气候灾害，减少农业生产的损失。

（四）品牌化

农业品牌建设不是一蹴而就的，而是由政府和企业长时间的经营和培育建立的，因此应改变以产量论英雄的思想，以产值评价农产品发展现状及市场前景。品牌农产品的创建和培育可以提高农产品附加值，实现农业增效、农民增收。上仓镇应充分利用“蓟州农品”区域公共品牌、“上米仓”镇域公共品牌，发挥政府的力量。鼓励企业积极申报“蓟州农品”品牌认证。建立和完善“上米仓”镇域公共品牌的推进制度、管理机制、农产品遴选和退出机制，制定产品管理规范（确定生产环境、种养环节、加工工程、贮运操作、销售方式、文化内涵六个方面的标准）。特色高端优质农产品、加工农产品可以提高产品的品牌认知度和影响力。

加强名优新特农产品的“三品一标”认证。鼓励合作社、农业企业、家庭农场注册商标，鼓励其提高产品品质，并进行无公害、有机产品、绿色食品认证及 HACCP 认证等。实行标准化生产、分选和包装。为新型经营主体搭建与浙江大学 CARD 中心、天津农学院、天津科技大学、品牌管理咨询公司等交流、合作的平台，通过项目扶持的方式，分批次扶持农产品生产企业对品牌进行全方位塑造。

拓宽推广宣传渠道，利用传统媒体（广播、电视、报纸、杂志、广告牌、公共汽车等移动媒介）、新媒体（微信、微博、抖音、快手等）等，增加企业的曝光度，加大宣传力度。利用节事活动、展会，提高企业的知名度和影响力。

（五）生态旅游精品化

提炼北方江南景区特点、特色，将景区与程家庄村农村生活联系起来，增加游客的体验环节；挖掘程家庄村的人文故事、民风民俗，通过文旅融合，讲好上仓故事；增加游客景区游玩、体验参与的项目，延长游客停留时间，增加重复消费机会；利用节事活动，打造亮点和特点。

燕子李三纪念馆可增加情景再现、片段演出等环节，提高纪念馆的吸引力；增加游客参与、体验环节，提高游客参观和游览的兴致。利用漕运文化，改善州河两岸自然环境，打造州河两岸景区，抓住仓敖特色，挖掘漕运故事，打造漕运文化亮点，使其成为游客前往蓟州旅行新的“打卡点”。

打造红色旅游线路，注重教育性、观光性、时代性、参与性、体验性。红色之旅不能仅停留在看遗址、照片展览层面，而要将英雄人物的事迹与自然风光、民俗紧密结合，通过参观，使游客感受英雄的故事和精神；通过设计游客亲身参与环节，如拓展训练、情景模仿、革命歌曲演唱、踏寻英雄事迹等，提高游客的参与感，激发游客兴趣，加深游客对革命精神内涵的认识，从而更好地起到教育作用。

对仓桑公路及道路两侧景观，尤其是程家庄村附近路段进行改造提升。结合上仓镇的历史、文化、特色农产品，对仓桑公路两侧景观、景区及道路标识进行统一设计，修建步道，改造公路两侧建筑外立面。提升道路两侧绿化率，利用颜色有别的灌木、乔木，形成错落有致的景观带。津蓟高速仓桑出口与仓桑公路交口架设红绿灯，提高交通便捷性和安全性。

上仓镇生态旅游精品化体系构建见附图3。

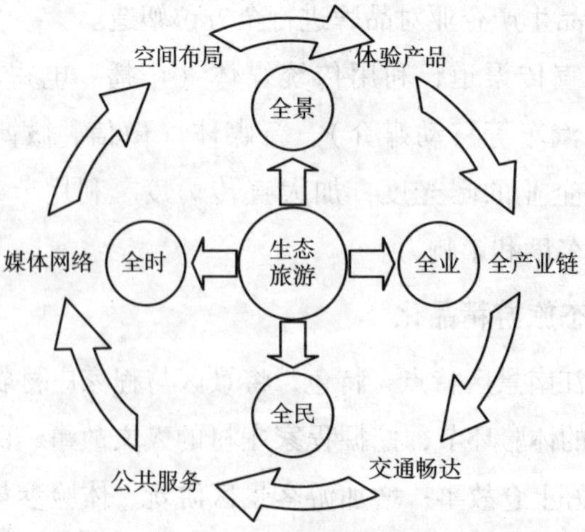

附图3　上仓镇生态旅游精品化体系构建

六、加快上仓镇产业升级的保障措施

（一）明确产业发展规划

产业兴旺要坚持规划先行，上仓镇要根据功能定位和实际情况，编制科学系统的产业发展规划，明确产业发展的基础条件、重点任务、阶段目标和行动方案。

第一，要对上仓镇农业生产资源（各区块土壤的性质及特点、新型经营主体、水环境、主要农产品等）、农产品加工企业、旅游资源（州河两岸、历史人物、历史建筑、文化风俗等）等进行调查研究并进行分析评价，全面、深入、细致地掌握本镇域的产业基础和未来发展潜力。

第二，依据《乡村振兴战略规划（2018—2022年）》《天津市农业和农村经济发展“十三五”规划》《蓟县国民经济和社会发展第十三个五年规划纲要》《天津市休闲农业“十三五”发展规划》《关于加快推进农产品品牌建设的实施方案》等相关文件，结合上仓镇资源优势和产业发展基础，制定上仓镇品牌建设、产业融合发展、生态旅游等方面的镇级发展规划和实施方案。

第三，优化上仓镇产业空间结构和区域布局，把握镇域内各区块功能定位，明确建设内容，形成不同类型的发展区，主要包括特色产业区、文创产业区、生态旅游区、农业科技服务示范区。

（二）培育、壮大农业新型经营主体

上仓镇应从职业农民、新农人、村里能人入手，为其提供相关培训（技术、运营、政策解读、考察调研等），组织开展与其他地区新型经营主体带头人的座谈、结对子等活动，鼓励、引导其组建农业新型经营主体。上仓镇利用新型经营主体组织化和专业化程度较高、对现代生产要素需求强烈的特点，推动产业结构调整，带动周围农户调整产品结

构，实现镇域产业转型升级；通过产业融合发展、生态环境改善，提高收入水平，留住年轻人。

壮大现有的农业龙头企业和农业专业合作社。利用现代农业示范园的带动作用，引进新型经营主体，推进适度规模经营，提高农业生产的组织化程度；鼓励农民通过土地流转、入股经营等多种方式，探索发展多样化的合作，农户可以以土地经营权、资金、农机具等形式入股，按“保底收益 + 按股分红”的方式获得股金收入，从而将所在地农民纳入农业产业化经营体系。

（三）加强人才培训

积极对新型经营主体和景区的工作人员（带头人、技术员、运营人员等）、新农人、职业农民等的培训需求进行调研。与天津农学院、天津农科院、农业企业等单位进行合作，集聚社会资源，针对相关人员提出的培训需求，制订教育培训计划，实现中短期教育相结合、学历教育和技能培训相结合、知识传授与实践相结合，提高其业务能力和综合素质。建立新型农民人才库，鼓励 40 岁以下农业从业者参加成人教育考试和职业技能鉴定。

加强对“4050”农民的培训。结合农时季节和种养品种，加强对“4050”农民的农业技术培训，保证“4050”农民每年获得一次以上的培训机会。通过传帮带，调动周边农民积极性。加强对土地流转后农民的职业技能培训，提高其就业能力，增加其就业机会，提高其收入水平。

（四）加强与高校、科研院所合作

搭建新型经营主体与天津农学院、天津农科院、中国农大、中国农科院、郑州果树研究所等高校、科研院所的交流、协作平台，开展产学研用合作，加快开发、利用、集聚上仓镇优势资源，引进新品种，建立生产、试验基地，有效转化科研成果；定期邀请天津农学院、农科院的专家深入上仓镇进行技术指导。

参考文献

[1]AMIN A, AZIZ B,LIU XH. The relationship between urbanization, technology innovation, trade openness, and CO_2 emissions: Evidence from a panel of Asian countries [J]. Environ Sci Pollut Res, 2020 (27): 35349 - 35363.

[2]ANTROP M. Landscape change and the urbanization process in Europe[J]. Landscape and Urban Planning,2004,67(1):9 - 26.

[3]BERTINELLI L, STROBL E. Urbanisation,urban concentration and economic development[J]. Urban Studies, 2007, 44(13):2499 - 2510.

[4]CHEN T, CHOU T. Spatial form of urbanization,sustainability and fragmented landownership: The example of llan in Taiwan's urbanization[J]. GeoJournal, 2018(83):489 - 508.

[5]COLENBRANDER S. Cities as engines of economic growth. The case for providing basic infrastructure and services in urban areas [EB/OL]. International institute for environment and development working Paper, https://pubs.iied.org/sites/default/files/pdfs/migrate/10801IIED.pdf,2016.

[6]DAVIS, JAMES C,HENDERSON J VERNON. Evidence on the political economy of the urbanization process[J]. Journal of Urban Economics, 2003,53(1):98 - 125.

[7]HENDERSON J V. Urbanization in developing countries[J]. New Zealand Geographer, 2002, 17(1):89 - 112.

[8]JIANGANG Li,JUN LEI, SONGHONG Li, et al. Spatiotemporal a-

nalysis of the relationship between urbanization and the eco – environment in the Kashgar metropolitan area, China[J]. Ecological Indicators, 2022, 135 (1): 1 – 18.

[9] MARTINEZ – VAZQUEZ J, PANUDULKITTI P, TIMOFEEV A. Urbanization and the poverty level[R]. Georgia: International Studies Program, and Rew Young School of Policy Studies, Georgia State University, 2009.

[10] MASSIMILIANO CALÌ, CARLO MENON. Does urbanization affect rural poverty? Evidence from Indian districts[J]. World Bank Economic Review, World Bank Group, 2013, 27(2): 171 – 201.

[11] MORENO E L, R WARAH. State of the world's cities 2006/2007: 30 years of shaping the habitat agenda[M]. New York: UN – Habitat, 2006.

[12] MÜLLER B, SCHIAPPACASSE P, JIAN L, et al. Urban sustainability and social integration in cities in Europe and China: An introduction [A]//Towards socially integrative cities perspectives on urban sustainability in Europe and China [EB/OL]. Publisher: MDPI, https://www.researchgate.net/publication/351386037_Urban_Sustainability_and_Social_Integration_in_Cities_in_Europe_and_China_–_An_Introduction, 2021.

[13] NILSSON K, et al. Peri – urban futures: Scenarios and models for land use change in Europe[M]. Heidelberg: Springer Berlin, 2013.

[14] PRESSAT R, C WILSON. The dictionary of demography[M]. New York and Oxford: Basil Blackwell, 1985.

[15] QAYYUM, UNBREEN, SAMINA SABIR, SOHAIL ANJUM. Urbanization, informal economy, and ecological footprint qualityin south Asia [J]. Environmental Science and Pollution Research, 2021(28): 67011 – 67021.

[16] SARKER M N I, HOSSIN M A, WU M, et al. Determinants and pattern of urbanization and counter – urbanization: The case of south Asia

[J]. The Journal of Social Sciences Research, 2018, 4(12): 802 - 812.

[17] SCHIAPPACASSE, PAULINA, BERNHARD MÜLLER, JIANG MENGFAN. Sustainable urban expansion: Lessons from three cases in Europe [J]. China City Planning Review, 2021, 30(4): 20 - 32.

[18] SOROKIN, PITIRIM, CARLE C ZIMMERMAN. Principlesof rural - urban sociology[M]. New York: Henry Holt and Company, 1929.

[19] SPENCE M, ANNEZ P C, BUCKLEY R M. Urbanization and growth: Commission on growth and development[J]. Robert Buckley, 2009, 1(5): 294 - 299.

[20] THANH H X et al. Urbanization and rural development in Vietnam's Mekong delta [EB/OL]. IIED Working Paper Series, http: www. iied. org/pubs/display. php? o = 10555 IIED, 2018.

[21] WILLIAMS D C. Urban sprawl: A reference handbook[M]. Santa Barbara: ABC - CLIO, 2013: 36 - 38.

[22] WIRTH L. Urbanism as a way of life[J]. American Journal of Sociology, 1938, 44(1): 1 - 24.

[23] WORLD BANK. Urban policy and economic development: An agenda for the 1990s[EB/OL]. World bank, Washington DC, USA, https:// documents1. worldbank. org/curated/en/914681468765339416/pdf/multi - page. pdf, 1991.

[24]埃比尼泽·霍华德. 明日的田园城市[M]. 金经元,译. 北京:商务印书馆,2006.

[25]蔡玉梅,吕宾,潘书坤,等. 主要发达国家空间规划进展及趋势[J]. 中国国土资源经济, 2008, 21(6):30 - 31.

[26]曹金臣. 发达国家小城镇建设的经验[J]. 世界农业,2012(10):103 - 105.

[27]曹萍,龚勤林. 论中国特色城镇化道路及其推进机制[J]. 四川

大学学报(哲学社会科学版),2016(6):40-48.

[28]陈口丹. 欧洲城乡规划及对中国乡村城镇化的启示[J]. 世界农业,2020(8):93-97.

[29]陈莉,李姣姣. 基于GA-PSO-ACO综合指数的新型城镇化质量评估[J]. 统计与决策,2017(22):55-58.

[30]程镇燕,孙金辉,陈韶阳,等. 新时代新的农业发展模式:文化农业的提出与构建[J]. 天津农学院学报,2019,26(3):93-96.

[31]单卓然,黄亚平."新型城镇化"概念内涵、目标内容、规划策略及认知误区解析[J]. 城市规划学刊,2013(2):16-22.

[32]邓春,王成,王钟书. 村落生产生活生态空间重构的共生路径研究:基于农户间共生界面的分析[J]. 中国农业资源与区划,2018(3):96-103.

[33]丁慧媛. 沿海地区新型城镇化综合发展水平测度[J]. 统计与决策,2019,35(22):50-53.

[34]方创琳,崔学刚,梁龙武. 城镇化与生态环境耦合圈理论及耦合器调控[J]. 地理学报,2019,74(12):2529-2546.

[35]费孝通. 论小城镇建设[M]. 北京:群言出版社,2000.

[36]费孝通. 小城镇四记[M]. 北京:新华出版社,1985.

[37]冯姝雅. 基于旅游发展的特色小镇开发研究[D]. 武汉:华中师范大学,2018.

[38]付晓东,蒋雅伟. 基于根植性视角的我国特色小镇发展模式探讨[J]. 中国软科学,2017(8):102-111.

[39]高宝华. 英、德城镇化发展经验及其对我国的启示[J]. 商业经济研究,2017(15):187-189.

[40]歌德伯戈, 钦洛依. 城市土地经济学[M]. 北京:中国人民大学出版社,1990.

[41]耿爱生,曹倩倩. 农村医养结合适度发展:理论依据、现实困境

及其消解[J]. 山东行政学院学报,2017(5):78 - 83.

[42]郭海轩,王新钰. 各地产业链"链长制"对天津市产业创新的经验启示[J]. 天津经济,2021(7):8 - 10.

[43]郭言寒. 区域"三生"空间耦合协调度评价及时空差异分析[D]. 南京:南京农业大学,2017.

[44]韩国明, 张恒铭. 我国新型城镇化与农业现代化协调发展空间分布差异研究[J]. 吉林大学社会科学学报, 2015, 55(5): 36 - 46.

[45]韩长赋. 大力发展都市现代农业推动城郊率先基本实现现代化[N]. 农民日报, 2012 - 04 - 28(2).

[46]侯湖平,金志丰,张绍良. 生态保护修复市场化机制的构建思路分析[J]. 中国土地,2022(1):26 - 29.

[47]胡宗萍,吕登智. 失能失智老年人医养结合模式探索[J]. 检验医学与临床,2018,15(23): 3633 - 3635.

[48]黄俊,贾煜,桂梅. 国外城市发展模式选择对中国新型城镇化的启示[J]. 重庆邮电大学学报(社会科学版),2015,27(4):110 - 117.

[49]纪明,杜聪聪. 产业结构演进对城镇化影响的实证检验[J]. 统计与决策,2017(17):125 - 129.

[50]简·雅各布斯. 美国大城市的死与生[M]. 金衡山,译. 南京:译林出版社,2005.

[51]江曼琦. 城市"三生空间"优化与统筹发展[EB/OL]. http://www.npopss - cn. gov. cn/n1/2019/0508/c373410 - 31073000. html,2019 - 05 - 08.

[52]金星星,陆玉麒,林金煌,祁新华,胡国建,李欣. 闽三角城市群生产—生活—生态时空格局演化与功能测度[J]. 生态学报,2018,38(12):4286 - 4295.

[53]井晓鹏, 周杜辉. 县域城镇化水平差异的人工神经网络测定:以陕西省为例[J]. 城市问题, 2011(7): 66 - 68.

[54]李冬梅,郑林凤,林赛男,等. 农业特色小镇形成机理与路径优化:基于成都模式的案例分析[J]. 中国软科学,2018(5):79-90.

[55]李广东,方创琳. 城市生态—生产—生活空间功能定量识别与分析[J]. 地理学报,2016,71(1):49-65.

[56]李慧燕,张淑荣,张茜,梁馨月,崔晶,刘洪银. 天津市宝坻区振兴小站稻产业的实践探索与经验启示[J]. 天津经济,2021(3):31-35.

[57]李慧燕.“三生”空间理念下京津冀城市群新型城镇化协调发展研究[J]. 生态经济,2021,37(5):92-98.

[58]李慧燕. 乡村振兴战略背景下天津市特色小镇“三生空间”融合发展路径研究:以天津市上仓镇为例[J]. 天津农学院学报,2021(4):83-87.

[59]李剑波, 涂建军. 成渝城市群新型城镇化发展协调度时序特征[J]. 现代城市研究, 2018(9):53-61.

[60]李燕娜. 湖南省新型城镇化质量指标体系构建及评价研究[J]. 中国农业资源与区划,2020,41(2):172-177.

[61]梁肇宏,范建红,雷汝林. 基于空间生产的乡村“三生空间”演变及重构策略研究:以顺德杏坛北七乡为例[J]. 现代城市研究,2020(7):17-24.

[62]刘超,胡宝贵. 北京市特色小镇休闲观光农业发展研究:以怀柔区雁栖镇为例[J]. 中国农业资源与区划,2018(7):204-211.

[63]刘洪银. 发展农村医养结合服务的对策研究[J]. 卫生经济研究,2021,38(3):21-23.

[64]刘涛,王楠,安灵旭,等. 天津地区智慧小镇产业特征及能源建设策略研究[J]. 创新创业理论研究与实践,2018,1(20):118-121.

[65]龙花楼. 论土地整治与乡村空间重构[J]. 地理学报,2013,68(8):1019-1028.

[66]鲁达非,江曼琦. 城市“三生空间”特征、逻辑关系与优化策略

[J]. 河北学刊,2019,39(2):156-166.

[67]罗松华. 基于以人为本的中国新型城镇化道路研究[D]. 武汉:武汉大学,2014.

[68]罗小锋, 袁青. 新型城镇化与农业技术进步的时空耦合关系[J]. 华南农业大学学报(社会科学版), 2017(2): 19-27.

[69]吕文静. 论我国新型城镇化、农村劳动力转移与农民工市民化的困境与政策保障[J]. 农业现代化研究, 2014, 35(1):57-61.

[70]马海涛,赵西梅. 基于"三生空间"理念的中国特色小镇发展模式认知与策略探讨[J]. 发展研究,2017(12):50-56.

[71]迈克·詹克斯, 伊丽莎白·伯顿, 凯蒂·威廉姆斯. 紧缩城市:一种可持续发展的城市形态[M]. 周玉鹏,译. 北京:中国建筑工业出版社, 2004.

[72]齐爱荣, 周忠学, 刘欢. 西安市城市化与都市农业发展耦合关系研究[J]. 地理研究, 2013, 32(11): 2133-2142.

[73]邱亮亮,王倩,周笑白,等. 基于压力—状态—响应模型的天津市土地生态安全评价研究[J]. 绿色科技,2019(12):254-258.

[74]沈正平. 优化产业结构与提升城镇化质量的互动机制及实现途径[J]. 城市发展研究, 2013(5):70-75.

[75]宋宏,黄艳莉. 集体土地作价入股农业特色小镇合作模式研究[J]. 农业经济,2018(10):99-101.

[76]孙斌栋,金晓溪,林杰. 走向大中小城市协调发展的中国新型城镇化格局:1952 年以来中国城市规模分布演化与影响因素[J]. 地理研究,2019,38(1):75-84.

[77]孙红,张乐柱. 美英日三国城镇化路径比较分析[J]. 亚太经济,2016(3):86-90.

[78]谈在祥,丁甜甜. 乡村振兴背景下农村医养结合养老中存在的问题与对策[J]. 卫生软科学,2020(3):19-22.

[79]刘易斯·芒福德著作精萃[M]. 宋俊岭,宋一然,译. 北京:中国建筑工业出版社,2010.

[80]唐晓灵,高煜童. 重庆市新型城镇化与农业经济协调发展研究[J]. 中国农业资源与区划,2021,42(5):169-177.

[81]天津市农村人居环境整治三年行动圆满收官:干净整洁有序美化[N]. 天津日报,2020-12-15.

[82]天津整治环境保护生态让百姓收获“绿色幸福感”[EB/OL]. https://m.thepaper.cn/baijiahao_5575710.

[83]田逸飘. 大理州城镇化进程的驱动因素变化研究[J]. 大理大学学报,2020,5(7):26-31.

[84]涂丽, 乐章. 城镇化与中国乡村振兴:基于乡村建设理论视角的实证分析[J]. 农业经济问题, 2018(11):78-91.

[85]汪阳红,卢伟. 优化城市群生产生活生态空间结构的总体思路[J]. 中国发展观察,2014(1):29-30.

[86]王宾,杨琛,李群. 基于熵权扰动属性模型的新型城镇化质量研究[J]. 系统工程理论与实践,2017,37(12):3137-3145.

[87]王聪,沈苏彦. 江苏省农业特色小镇建设与产业转型协同发展研究[J]. 农业经济,2019(9):32-34.

[88]王大为,李媛. 特色小镇发展的典型问题与可持续推进策略[J]. 经济纵横,2019(8):69-75.

[89]王金营,李佳黛. 京津冀各市新型城镇化发展评价:基于京津冀协同发展的考察[J]. 人口与经济,2017(6):58-70.

[90]王景新,支晓娟. 中国乡村振兴及其地域空间重构:特色小镇与美丽乡村同建振兴乡村的案例、经验及未来[J]. 南京农业大学学报(社会科学版),2018,18(2):17-26.

[91]王丽君,张磊,高旭,等. 天津市新型城镇化质量时空格局演变及驱动分析[J]. 江苏农业科学,2017,45(16):316-321.

[92]王淑佳,任亮,孔伟,等. 京津冀区域生态环境—经济—新型城镇化协调发展研究[J]. 华东经济管理,2018(10): 61－69.

[93]王新越,宋飏,宋斐红,等. 山东省新型城镇化的测度与空间分异研究[J]. 地理科学,2014,34(9):1069－1076.

[94]王彦霞,王培安. 新型城镇化视角下县域城镇化时空格局及聚集特征:以浙江省为例[J]. 干旱区地理,2019,42(2):423－432.

[95]王映月,李朦. 西安市城市“三生”空间综合利用评价与耦合协调度分析[J]. 西部大开发(土地开发工程研究),2019,4(11):8－14.

[96]吴奶金,陈高威,林珊,等. 基于新型业态变化的农业特色小镇理念与构建[J]. 云南农业大学学报(社会科学版),2017,11(3):7－12.

[97]武联,余侃华,鱼晓惠,等. 秦巴山区典型乡村“三生空间”振兴路径探究:以商洛市花园村乡村振兴规划为例[J]. 规划师,2019,35(21):55－61.

[98]武占云,单菁菁. 城市“三生空间”格局演化与优化对策研究[J]. 城市,2019(10):15－26.

[99]谢艳乐,祁春节,顾雨檬. 新型城镇化与都市农业发展耦合关系及时序特征研究:以武汉市为例[J]. 中国农业资源与区划,2021,42(6):215－224.

[100]熊正贤. 乡村振兴背景下特色小镇的空间重构与镇村联动:以贵州朱砂古镇和千户苗寨为例[J]. 中南民族大学学报(人文社会科学版),2019,39(2):118－122.

[101]徐君,张娜,王育红. 国外城镇化建设模式及对中国的启示[J]. 工业技术经济,2014,33(4):137－142.

[102]徐选国,杨君. 人本视角下的新型城镇化建设:本质、特征及其可能路径[J]. 南京农业大学学报(社会科学版),2014(2):15－20.

[103]许淇源,罗岚. 成渝地区双城经济圈新型城镇化与乡村振兴耦合协调研究[J]. 新疆农垦经济,2021(10):9－19＋67.

[104]续亚萍,俞会新．基于熵值法的河北省新型城镇化质量评价[J]．商业经济研究，2015(16):137－139.

[105]闫佳祺．发达国家城镇化进程的经验借鉴与启示[J]．税务与经济,2016(5):31－36.

[106]杨静美,张新华,杨肖．新型城镇化建设“三部曲”及政府角色定位:以天津市为例[J]．天津行政学院学报,2014,16(4):40－45.

[107]叶裕民．中国城市化质量研究[J]．中国软科学,2001(7):27－31.

[108]余江,叶林．中国新型城镇化发展水平的综合评价:构建、测度与比较[J]．武汉大学学报(哲学社会科学版),2018,71(2):145－156.

[109]张爱鹏．天津葛沽特色小镇发展研究[J]．美术观察,2018(8):139－140.

[110]张明斗,毛培榕．新型城镇化的内生机制建设及路径优化研究[J]．当代经济管理,2018,40(6):69－73.

[111]张薇,秦兆祥．日本“魅力乡村建设”有哪些好做法[J]．人民论坛,2017(25):120－121.

[112]张雄,王芳,张俊峰,等．长江中游城市群三生功能的空间关联性[J]．中国人口·资源与环境,2021,31(11):110－122.

[113]章明宇．浙江省乡村就地城镇化转型:过程、格局、机理[D]．杭州:浙江大学,2018.

[114]赵兴国,张东强．特色小镇乡村旅游资源的深度开发:施甸摆榔金布朗风情小镇的实证研究[J]．中国农业资源与区划,2018(10):164－170.

[115]赵颖文，吕火明．新型城镇化与农业现代化耦合机理及协调关系[J]．首都经济贸易大学学报，2016，18(3)：5－10.

[116]郑立文,黄俊宇．东北地区新型城镇化与产业结构耦合效应研究[J]．税务与经济,2019 (5):49－54.

[117]周伟. 跨域生态环境问题多元共治:缘由、困境与突破[J]. 生态经济,2022,38(1):169-176.

[118]朱洪祥. 山东省城镇化发展质量测度研究[J]. 城市发展研究,2007,14(5):37-44.

[119]卓德雄,曾献君. 福建省新型城镇化质量评价及测度:基于Topsis改进的因子分析模型[J]. 中国农业资源与区划,2018,39(2):221-229.

索　引

B

包容发展机制　2

C

成果共享机制　76

城乡收入比　36

城市更新　87

城镇化率　4

城镇居民人均可支配收入　36

D

多元治理机制　2

G

公共服务均等化　33

H

和谐共生机制　2

户籍制度改革　13

J

积分落户　14

基金小镇　12

京津冀城市群　2

L

利益协调机制　2

M

魅力乡村建设　66

N

能力提升机制　77

农村集体资产　15

农村居民人均可支配收入　36

O

耦合度　2

耦合关系　47

耦合塔　47